Verkehr – seine Ursachen und Folgen

8 (1) Nahverkehrs- (M1), ICE-, Güterzüge, Binnen- (M2), Hochseeschiffe, Lkws, Pkws, Fahrradrikschas (M3), Omnibusse (M4), Flugzeuge.
8 (2) 77,2 %, das heißt mehr als dreiviertel aller Deutschen, benutzten den PKW (einschließlich Motorrad) zum Zurücklegen von Wegen. Das restliche Viertel verteilt sich auf den öffentlichen Nahverkehr (Stadtbahnen, Busse) und Eisenbahnen. Von der Menge relativ bedeutungslos sind die Wege, die mit Flugzeug, Fahrrad oder zu Fuß zurückgelegt werden.
8 (3) Individuelle Aufgabenlösung.
Lösungshinweis: z.B. Freizeit – Sport, Beruf – Schulbesuch, Urlaub – Ferienfreizeit.
8 (4a–4f) Individuelle Aufgabenlösungen.

10 (1a) *Individualverkehr:* zeitlich völlig unabhängig, bequem, schnell; aber teuer und die Umwelt belastend.
10 (1b) *Massenverkehr:* Benutzung nur nach Fahrplan, häufig mit Umsteigen und Wartezeiten verbunden, aber relativ billig.
10 (2a) Individuelle Aufgabenlösung.
Lösungshinweis: Anschaffungskosten: Überführungs- und Zulassungskosten; *Betriebskosten:* Reparaturen, Abschreibung, Garagenmiete.
10 (2b) Individuelle Aufgabenlösung.
10 (3) *Berg/Gebirge:* ① Wilseder Berg, ② Deister, ③ Ith, ④ Solling, ⑤ Süntel, ⑥ Harz, ⑦ Elm, ⑧ Drawehn; *Flüsse/Seen:* a Elbe, b Weser, c Ems, d Mittellandkanal, e Steinhuder Meer, f Dümmer, g Elbe-Seitenkanal; *Insel/Landschaft/Region:* 1 Borkum, 2 Juist, 3 Norderney, 4 Baltrum, 5 Langeoog, 6 Spiekeroog, 7 Wangerooge, 8 Ostfriesland, 9 Emsland, 10 Altes Land, 11Lüneburger Heide; *Städte:* No. Norddeich, Em. Emden, Wi. Wilhelmshaven, Cu. Cuxhaven, St. Stade, Ol. Oldenburg, Ro. Rotenburg, Lün. Lüneburg, Me. Meppen, Cl. Cloppenburg, Ve Vechta, Ver. Verden, Ue. Uelzen, Nor. Nordhorn, Ce. Celle, Os. Osnabrück, Sta. Stadthagen, Ha. Hannover, Wo. Wolfsburg, Ham. Hameln, Hi. Hildesheim, Sa. Salzgitter, Br. Braunschweig, Go. Goslar, Gö. Göttingen.
10 (4a) Berlin–Wolfsburg (oder Braunschweig)–Hannover–Richtung Bielefeld–Ruhrgebiet.
(→ DD, S. 46–53; DW, S. 15–21)
10 (4b) Hamburg–Lüneburg–Uelzen–Celle–Hannover–Göttingen–Kassel–München.
(→ DD, S. 46–53; DW, S. 15–21)
10 (5a) Individuelle Aufgabenlösung.
Lösungshinweis: z.B. Wilhelmshaven, Cuxhaven, Hameln, Vechta, Nordhorn, Cloppenburg.
10 (5b) Emden–Oldenburg–Bremen–Verden–Hannover–Göttingen.
(Alternative: Emden–Meppen–Rheine–Osnabrück–Hannover–Göttingen.)
(→ DD, S. 48/49; DW, S. 16/17)
10 (5c) Individuelle Aufgabenlösung.
(→ DD, S. 48/49; DW, S. 16/17)

12 (1) Jeden Tag fährt Rebecca Schaarschmidt von Köln nach Frankfurt/Main und zurück mit ICE, Straßenbahn und S-Bahn. Dafür benötigt sie jeden Tag rund vier Stunden. Wenn man eine durchschnittliche Arbeitszeit von sieben bis acht Stunden dazurechnet, ist sie jeden Tag 11 bis 12 Stunden als Pendlerin unterwegs.
12 (2a–d) Individuelle Aufgabenlösungen.
12 (3) Individuelle Aufgabenlösung.
12 (4) Für die meisten Pendler ist der Zeitaufwand für die Fahrten verträglich. Etwa 90 % benötigen bis zu zwei Stunden pro Tag. Nur etwa 10 % sind durch eine längere Fahrzeit stärker belastet (eine bis über zwei Stunden).
12 (5) *Gebirge:* ① Harz, ② Rothaargebirge, ③ Westerwald, ④ Eifel, ⑤ Hunsrück, ⑥ Taunus, ⑦ Rhön, ⑧ Thüringer Wald, ⑨ Erzgebirge, ⑩ Fränkische Alb, ⑪ Schwarzwald, ⑫ Schwäbische Alb, ⑬ Bayerischer Wald, ⑭ Alpen; *Berg:* Zugspitze (2 962 m); *Gewässer:* a Nordsee, b Ostsee, c Nord-Ostsee-Kanal, d Ems, e Weser, f Mittellandkanal, g Elbe, h Müritz, i Havel, j Oder, k Rhein, l Dortmund-Ems-Kanal, m Ruhr, n Saale, o Spree, p Neiße, q Mosel, r Main, s Main-Donau-Kanal, t Neckar, u Donau, v Isar, w Inn, x Bodensee; *Insel/Landschaft:* 1 Sylt, 2 Fehmarn, 3 Rügen, 4 Lüneburger Heide, 5 Oberrheinisches Tiefland; *Städte:* Fl. Flensburg, Ki. Kiel, Ro. Rostock, Mü. Münster, Re. Recklinghausen, Do. Dortmund, Du. Duisburg, E. Essen, Bo. Bochum, Wu. Wuppertal, Dü. Düsseldorf, K. Köln, Bn. Bonn, A. Aachen, Sa. Saarbrücken, Br. Bremen, Hn. Hannover, Bi. Bielefeld, Ka. Kassel, Fr./M. Frankfurt/Main, Wi. Wiesbaden, Mz. Mainz, Lu. Ludwigshafen, Ma. Mannheim, Kr. Karlsruhe, St. Stuttgart, Lü. Lübeck, Sch. Schwerin, Bs. Braunschweig, Mg. Magdeburg, Ha. Halle/Saale, Je. Jena, Er. Erfurt, N. Nürnberg, Au. Augsburg, M. München, B. Berlin, Po. Potsdam, Fr./O. Frankfurt/Oder, Co. Cottbus, Le. Leipzig, Dr. Dresden, Ch. Chemnitz.
12 (6a) Flensburg – Hamburg – Hannover – Kassel – Frankfurt/Main – Mannheim – Karlsruhe – Basel.
12 (6b) Frankfurt/Oder – Berlin – Magdeburg – Hannover – Bielefeld – Dortmund.
12 (6c) Lübeck – Hamburg – Hannover – Kassel – Frankfurt/Main – Mainz – Saarbrücken.
(Alternative: Bremen – Osnabrück – Münster – Dortmund – Köln – Bonn – Saarbrücken.)
12 (6d) Stuttgart in nördlicher Richtung – nach Osten bis Nürnberg.
(→ DD, S. 46–53; DW, S. 15–21)
12 (7a) Nürnberg – Main-Donau-Kanal – Main – Rhein – Dortmund-Ems-Kanal – Mittellandkanal – Magdeburg.
12 (7b) Berlin – Havel – Elbe-Havel-Kanal – Mittellandkanal – Dortmund-Ems-Kanal – Rhein – Karlsruhe.
12 (7c) Duisburg – Dortmund-Ems-Kanal – Mittellandkanal – Elbe – Dresden.
(→ DD, S. 46–53; DW, S. 15–21)
12 (8) Individuelle Aufgabenlösung.
Lösungshinweis: z.B. Harz, Odenwald, Schwarzwald, Erzgebirge.
(→ DD, S. 46–53; DW, S. 15–21)

15 (1) Rund 75 % aller in Deutschland verkauften Schnittrosen werden in Ländern angebaut, deren Territorium in den Tropen liegt. Dort sind die Wachstumsbedingungen für Rosen ideal und die Arbeitslöhne im Vergleich zu Deutschland extrem niedrig. Der

Transport der in Europa gezüchteten Pflanzen und der blühenden Rosen erfolgt unter hohem Technik- und Energieaufwand überwiegend mit Flugzeugen.
15 (2) Individuelle Aufgabenlösung.
15 (3a) Deutschland, Niederlande, Frankreich.
15 (3b) Kolumbien, Ecuador, Sambia, Simbabwe, Südafrika, Kenia.
15 (3c) Nordamerika, Europa.
15 (4) Die Gewinnung der meisten Rohstoffe ist an Lagerstätten gebunden. Von dort müssen sie zur Verarbeitung transportiert werden. Auch die Herstellung von Einzelteilen und die Montage des Endproduktes finden häufig an verschiedenen Standorten statt. Über den Groß- und Einzelhandel gelangen die Produkte zum Endverbraucher. Das kann nur mit leistungsfähigen zuverlässigen Transportsystemen erreicht werden.
15 (5) Der *Güterverkehr in Deutschland* findet überwiegend auf Straßen und Autobahnen statt. Dagegen sind die Anteile von Eisenbahn, Binnenschifffahrt, Pipelines und Flugzeug gering.
Lösungshinweis: Da aller Voraussicht nach die Mengen der zu transportierenden Güter in den nächsten Jahren weiter ansteigt, werden erhebliche Investitionen in die Verkehrsinfrastruktur notwendig sein. Unter umweltfreundlichen Aspekten sind sie insbesondere bei der Bahn notwendig.

16 (1) Der Tank wurde über die Donau ins Schwarze Meer, von dort über das Mittelmeer und den Atlantischen Ozean nach Antwerpen und von dort per Binnenschiff über den Rhein nach Leopoldshafen transportiert.
16 (2) Das *Güterverkehrsaufkommen* hat sich in dem Zeitraum von 1980–2006 recht unterschiedlich entwickelt. In einigen Bereichen hat sich das Transportaufkommen verringert. Hierzu zählen Erze, Metallabfälle, Steine, Erden, Erdöl, Gas. In anderen Bereichen hingegen hat sich das Güterverkehrsaufkommen vergrößert (z. B. bei Fahrzeugen, Maschinen und Düngemitteln, chemischen Erzeugnissen).

17 (3) *Elbe-Havel-Kanal:* Magdeburg – Brandenburg – Berlin;
Ems-Jade-Kanal: verbindet die Ems bei Emden mit dem Jadebusen bei Wilhelmshaven;
Oder-Spree-Kanal: verbindet die Dahme über den Seddinsee bei Schmökwitz im Südosten von Berlin mit der Spree bei Fürstenwalde und mündet in Eisenhüttenstadt in die Oder;
Nord-Ostsee-Kanal: verbindet die Nordsee mit der Ostsee;
Dortmund-Ems-Kanal: verbindet den Stadthafen Dortmund mit der Ems bei Meppen;
Elbe-Trave-Kanal (heute Elbe-Lübeck-Kanal): Die Wasserstraße verlässt die Elbe bei Lauenburg, folgt dem Flüsschen Delvenau und mündet vier Kilometer südlich von Lübeck in die Trave;
Oder-Havel-Kanal: ist ein Teil der Havel-Oder-Wasserstraße und verbindet die Havel mit der Oder bei Hohensaaten;
Mittellandkanal: längste künstliche Wasserstraße in Deutschland. Er verbindet den Dortmund-Ems-Kanal mit der Elbe und dem Elbe-Havel-Kanal. In europäischer Dimension ermöglicht er eine Verbindung zwischen den Niederlanden, Belgien, Luxemburg,

Frankreich und der Schweiz auf der einen sowie mit Polen und der Tschechischen Republik auf der anderen Seite;
Main-Donau-Kanal: verbindet Main und Donau von Bamberg über Nürnberg nach Kelheim;
Elbe-Seitenkanal: Schifffahrtskanal zwischen dem Mittellandkanal bei Edensbüttel, westlich von Wolfsburg, und der Elbe bei Artlenburg.
17 (4) *Vorteile:* hohes Ladevolumen, seltene Unfälle, geringe Lärmbelästigung, kein Sonntagsfahrverbot, zuverlässig und pünktlich, keine zeitlichen Beschränkungen;
Nachteile: sehr langsam, an Wasserstraßen gebunden.
17 (5) Argentinien – Atlantischer Ozean – Der Kanal – Nordsee – Ems – Dortmund-Ems-Kanal – Mittellandkanal – Stichkanal – Osnabrück.
(→ DD, S. 26/27/1, 46/47, 108/109, 112/1; DW, S. 16/17, 82, 194/195/①)

18 (1) Das *Volkswagenwerk in Wolfsburg* ist die größte zusammenhängende Automobilfabrik der Welt mit einer Kapazität von über 3000 Fahrzeugen pro Tag. Über 40000 Angestellte produzierten 2007 rund 655000 Fahrzeuge. Das Gelände ist sechs Quadratkilometer groß und besitzt Gleisanlagen und Straßen in einer Länge von jeweils rund 70 km.
18 (2) Individuelle Aufgabenlösung.
Lösungshinweis: Volkswagen produziert auch Fahrzeuge anderer Marken (z.B. Audi, Seat). *Länder mit Produktionsstandorten des VW-Konzerns:* Deutschland, Belgien Bosnien und Herzegowina, Großbritannien, Italien, Polen, Portugal, Spanien, Slowakei, Tschechische Republik, Ungarn, Russland, Mexiko, USA, Argentinien, Brasilien, Südafrika, Indien, Israel, China.

19 (3a) Geländewagen, Lieferwagen, Busse verschiedener Größe, Tanklastzüge, Feuerwehrfahrzeuge, Sattelschlepper für Container.
19 (3b) Reisezugwagen, Speisewagen, Tankwagen, Autotransportwagen, Containerwagen.
19 (3c) Fahrgastschiffe, Tanker, Fährschiffe, Stückgutfrachter, Containerschiffe.
19 (3d) Passagierflugzeuge, Frachtmaschinen, Militärflugzeuge, Sportflugzeuge.
19 (4a) Emden, Bremen, Berlin, Wolfsburg, Braunschweig, Hannover, Osnabrück, Köln, Kassel, Eisenach, Leipzig, Zwickau, Saarbrücken, Stuttgart, Ingolstadt, Neckarsulm, München.
19 (4b) Berlin, Halle, Görlitz, Kassel, Nürnberg, München.
19 (4c) Kiel, Emden, Hamburg, Schwerin, Rostock, Stralsund.
19 (4d) Hamburg, Bremen, Friedrichshafen, München.
19 (4e) Hamburg, Stade, Flensburg, Hildesheim, Braunschweig, Magdeburg, Leipzig, Dresden, Leverkusen, Stuttgart, Augsburg, München.

20 (1) Um die Unterhaltungskosten für die Autobahnen finanzieren zu können, hat die Bundesregierung ab dem 01.01.2005 eine Straßennutzungsgebühr, die sogenannte *Lkw-Maut* für Lkws ab 12 Tonnen eingeführt. Die Lkws werden über Mautbrücken erfasst. Die Bezahlung der Gebühren erfolgt per Überweisung von den Unternehmern

oder an bestimmten Zahlstationen an den Autobahnen. Ab 2009 soll sich die Mautgebühr stärker nach dem Schadstoffausstoß der Lkws richten.
20 (2) Lkws, die regelmäßig auf deutschen Autobahnen unterwegs sind, werden mit einem sogenannten On-Board-Unit ausgestattet. Dies ist ein elektronisches Gerät, mit einem integrierten GPS, einem Verzeichnis aller mautpflichtigen Straßen, einer Software zur Berechnung der Mautgebühr und einem Mobilfunksender ausgestattet. Wenn ein Lkw auf mautpflichtigen Straßen unterwegs ist, werden die Daten per Satellit an die Abrechnungsstelle übertragen und der fällige Betrag wird per Mobilfunk an die Bezahlstelle überwiesen. Alternativ kann man die fällige Gebühr an einem Terminal auf Autobahnraststätten oder per Internet bezahlen.
20 (3) Individuelle Aufgabenlösung.

21 (4) *Mögliche Auswirkungen:* Schlaf-, Lern- und Konzentrationsstörungen, Störungen der Kommunikation, erhöhtes Risiko für Herz- und Kreislauferkrankungen, Gehörschädigung.
21 (5) Der *Landschaftsverbrauch* für das Schienennetz ist wesentlich geringer und effektiver.
21 (6) Durch speziellen Straßenbelag (Flüsterasphalt) wird der Lärm, der durch den Rollwiderstand verursacht wird verringert. Lärmschutzwände mindern Verkehrslärm.
21 (7) Individuelle Aufgabenlösung.
21 (8) Individuelle Aufgabenlösung.

23 (1) Die *wichtigsten Verursacher von Feinstaub* sind Industrie (35,1 %), Privathaushalte und Kleinverbraucher (19,3 %) sowie Straßenverkehr (17,0 %).
23 (2) Die Feinstaubbelastung in den Innenstädten soll gesenkt werden. Es wurde für viele Städte eine Plakettenpflicht eingeführt. Nur noch Autos, die durch eine grüne Plakette nachweisen, dass sie wenige Emissionen ausscheiden, dürfen in die Innenstädte fahren.
23 (3) Das *Straßenschild beinhaltet* einen Hinweis auf Umweltzonen im Zentrum Hannovers. Zum Zeitpunkt der Aufnahme des Bildes dürfen Fahrzeuge mit roter, mit gelber und mit grüner Plakette die Innenstadt befahren.
23 (4) Das Flugzeug scheidet umgerechnet auf Einzelpersonen mit Abstand die meisten Schadstoffe aus, gefolgt von Pkw und Bahn. Bei dem Ausstoß von Stickstoffoxiden belegt der Reisebus den zweithöchsten Platz bezogen auf den Ausstoß.
23 (5a) *Smog entsteht*, wenn bei bestimmten Wetterlagen Auto- und Industrieabgase nicht abziehen können. Dies ist z. B. der Fall, wenn schwere bodennahe Kaltluft nicht von höherer, leichterer Warmluft verdrängt werden kann.
23 (5b) *Auswirkungen von Smog auf die Umwelt:* Kopfschmerzen und Erkrankung der Atemorgane beim Menschen; Schädigung von Vegetation, Boden und Luft.
23 (6) Individuelle Aufgabenlösung.

24 (1) *M1:*
1. Schritt:
- Thema: Kohlendioxid-Belastung der Luft durch verschiedene Verkehrsmittel (Stand 2006).

- Balkendiagramme in den drei Bereichen Personen-Fernverkehr, Personen-Nahverkehr und Güterverkehr.
- Angaben der CO_2-Emissionen in Gramm (g) je Personenkilometer bei Personenverkehr (Personenkilometer oder Personen-Verkehrsleistung siehe S. 9/M5) und in Gramm je Tonnenkilometer bei Güterverkehr (Tonnenkilometer siehe S. 15/M5).

2. Schritt:
- Beim Personen-Fernverkehr verursacht das Flugzeug mit 191 g die meisten CO_2-Emissionen, an zweiter Stelle folgt mit 143 g der Pkw; Bahn (47 g) und Bus (31 g) sind in Bezug auf diese Emissionen am günstigsten, die Bahn hat nur etwa ein Drittel so viel Emissionen wie das Auto.
- Beim Personen-Nahverkehr verursacht das Auto mit 141 g die meisten CO_2-Emissionen (nur geringfügig weniger als im Fernverkehr), wieder gefolgt von Bahn und Bus; der Busverkehr hat nur etwa halb so viel Emissionen wie das Auto.
- Beim Güterverkehr verursacht das Flugzeug mit 665 g die meisten CO_2-Emissionen je Tonnenkilometer, der Lkw folgt mit großem Abstand (89 g) an zweiter Stelle, Schiff (35 g) und Bahn (24 g) haben die geringsten Emissionen.
- Hauptaussagen: Beim Personen-Fernverkehr und insbesondere beim Güterverkehr verursacht das Flugzeug die meisten Emissionen, danach folgt das Auto bzw. der Lkw. Am wenigsten Emissionen verursachen beim Personenverkehr Bahn und Bus sowie beim Güterverkehr Schiff und Bahn.

3. Schritt:
- Um weniger Belastung für die Luft zu erreichen, könnten (wo es möglich ist) im Personenverkehr Autofahrten durch Bahn- oder Busfahrten ersetzt werden und im Güterverkehr Lkw-Fahrten durch Schiff oder Bahn.

M2:

1. Schritt:
- Thema: Feinstaubbelastung besonders belasteter Straßen in der Bundesrepublik Deutschland (2006)
- Zu diesen ausgewählten Straßen in Großstädten werden Balkendiagramme zur Verdeutlichung verwendet.
- Pro Straße wird die Anzahl der Tage im Jahr 2006 dargestellt, an denen die Feinstaubbelastung über 50 Mikrogramm/m^3 Luft lag. Laut EU-Richtlinie darf dieser Zustand nicht öfter als an 35 Tagen pro Jahr auftreten, deshalb wurde bei 35 Tagen eine Linie zur Verdeutlichung des Grenzwerts eingezeichnet. Die Straßen sind nach der Häufigkeit der Belastung geordnet. Bei Stuttgart und Leipzig sind jeweils zwei Straßen aufgeführt.

2. Schritt:
- Notiert sind in der Reihenfolge vom höchsten zum niedrigsten Wert der Feinstaubbelastung Straßen in Stuttgart, Cottbus, München, Weimar, Tübingen-Unterjesingen, Dortmund, Leipzig, Krefeld Frankfurt/Oder, Brandenburg und Berlin-Friedrichshain. Die meisten Tage mit Feinstaubbelastung weist die Straße „Am Neckartor“ in Stuttgart mit 175 Tagen auf. Die folgenden fünf Straßen liegen im Bereich über 80 aber unter 100 Tage Belastung, darunter ist eine weitere Straße in Stuttgart. Die Belastung der letzten sieben Straßen liegt im Bereich zwischen 70 bis knapp 80 Tage.

- In der Straße „Am Neckartor“ in Stuttgart liegt die Feinstaubbelastung an 140 Tagen über dem von der EU erlaubten Richtwert. Sogar bei den beiden letzten Straßen in Berlin-Friedrichshain und in Brandenburg sind es doppelt so viele Tage wie erlaubt.

3. Schritt:

- Da der Feinstaub eine Gefährdung für die Gesundheit darstellt (siehe Text S. 23) ist es sinnvoll, dass einige Großstädte bereits Autos mit hohem Schadstoffausstoß mithilfe der Plakettenpflicht aus der Innenstadt verbannen (siehe S. 22/M4). Dadurch sind jedoch die Belastungen durch andere Verursacher noch nicht minimiert bzw. beseitigt (siehe S. 22/M1).

24 (2) Individuelle Aufgabenlösung.

27 (1) Computergesteuerte Autos unter der Erde sollen den Verkehr in Ballungsräumen entlasten. Probleme durch starken Energieverbrauch sollen durch neue Antriebsarten wie Stromantrieb behoben werden.
27 (2) Bei *„Cargo Cap“* werden Güter in unterirdischen Röhren transportiert.
27 (3a) *Elektroautos* werden als Pilotprojekt in einigen europäischen Großstädten eingesetzt. Die Energieversorgung erfolgt über Ladestationen, die über das Stadtgebiet verteilt sind.
27 (3b) *Vorteile:* kein Ausstoß von Emissionen, geringe Lärmbelastung, umweltfreundliche Energiegewinnung möglich; *Nachteile:* geringe Reichweite, lange Ladezeit der Akkus, Akkus noch sehr teuer und bisher nicht ausgereift.
27 (4) Beim *Zugdrachensystem* wird der Wind als „Zusatzmotor“ verwendet und ermöglicht als *Vorteil* eine Treibstoffersparnis von bis zu 15 Prozent.
27 (5) Beim *Wasserstoffantrieb* kann überschüssiger Wind aus Windkraftanlagen zur Erzeugung von Wasserstoff verwendet werden. Durch die Nutzung von Brennstoffzellen wird die Energie dann in Bewegungsenergie umgewandelt.
27 (6) Individuelle Aufgabenlösung.

28 (1./1) 1. Mobilität, 2. Güterverkehr, 3. Maut, 4. Mittellandkanal, 5. Flüsterasphalt, 6. Treidler, 7. Wasserstoff, 8. Pendler, 9. Individualverkehr, 10. Dezibel.
Lösungswort: Transrapid.
28 (2./1) Der *Personenverkehr in Deutschland* ist im Betrachtungszeitraum ständig gestiegen. Im Vergleich zum motorisierten Individualverkehr ist der öffentliche Straßen- und Schienenverkehr dagegen nur gering gestiegen.
Ähnlich verhält es sich beim *Güterverkehr:* Die Nutzung von Binnenschiffen, Pipelines und Eisenbahnen ist auf einem etwa unveränderten Niveau geblieben. Der Gütertransport per Lkw besitzt dagegen den größten Anteil, wobei dieser aber auch Schwankungen unterworfen war. Seit 1995 verläuft diese Entwicklung rückläufig.
28 (2./2) *Ursachen:* Die Zunahme beim Personenverkehr geht auf eine steigende Mobilität der Gesellschaft zurück. Auffällig ist der sprunghafte Anstieg zwischen 1990 und 1995, der v.a. in den politischen Veränderungen in der früheren DDR bzw. in der „Deutschen Einheit“ begründet ist.
Beim Güterverkehr verhält es sich ähnlich. Ein Grund liegt u.a. in der sogenannten „just-in-time-Lieferung“: Die Lagerflächen in den Betrieben verkleinern sich. Stattdessen werden Waren pünktlich zum benötigten Produktionszeitpunkt geliefert. Kritiker

sagen, dass dadurch einfach nur die Lagerung der Waren auf die Straße verlagert würde. Der Rückgang im Zeitraum 2000–2005 dürfte auf die steigenden Energiepreise zurückzuführen sein.
28 (2./3) Die *Folgen* der steigenden Mobilität sind vielfältig: hoher Energie- sowie Flächenverbrauch und steigende Umweltbelastung durch höhere Emissionen.
28 (3./1) Die *Automobilindustrie* ist ein wichtiger Arbeitgeber und dadurch auch ein bedeutender Industriezweig in Deutschland. Daher wird die Automobilindustrie auch als Schlüsselindustrie für die deutsche Wirtschaft bezeichnet.
28 (3./2) *Vorteile:* große Ladefähigkeit, seltener Unfälle und Havarien, geringe Lärmbelästigung, keine zeitlichen Beschränkungen; *Nachteile:* sehr langsam, an Wasserstraßen gebunden.
28 (3./3) Bei der Verbrennung von Diesel und Benzin sowie durch Abrieb an Reifen und Bremsen oder auch beim Tanken gelangen Abgase und Schadstoffe in die Luft. Durch diese Emissionen wird die Luft verunreinigt. Die schädlichsten Emissionen sind Kohlendioxid, Stickstoffoxid, Schwefeldioxid und Feinstaub.
28 (3./4) Beim *System der Lkw-Maut* werden Nutzungsgebühren für bestimmte Autobahnstrecken erhoben. Die Bezahlung erfolgt entweder über eine elektronische Erfassung der Lkws oder über eine individuelle Bezahlung an speziellen Bezahlstationen an den Autobahnen. Die *Einnahmen* werden für den Bau und den Unterhalt von Straßen sowie für den Ausbau und den Unterhalt des Wasserstraßen- und Schienennetzes verwendet.
28 (3./5) *Mögliche Maßnahmen* sind spezielle Straßenbeläge, Lärmschutzwände oder die Reduzierung von Verkehr.
28 (3./6) Individuelle Aufgabenlösung.
Beispiel: System „Cargo Cap“ (siehe S. 26) oder Finden weiterer Beispiele durch individuelle Internetrecherche (z. B. www.cargolifter.de).

29 (4./1a) a = Dortmund-Ems-Kanal, b = Weser, c = Leine, d = Oker; f = Elbe.
29 (4./1b) O. = Osnabrück, M. = Minden, H. = Hannover, Hi. = Hildesheim, B. = Braunschweig, W. = Wolfsburg, Ma. = Magdeburg.
29 (4./1c) In europäischer Dimension ermöglicht der Mittellandkanal eine Verbindung zwischen den Niederlanden, Belgien, Luxemburg, Frankreich und der Schweiz auf der einen sowie mit Polen und der Tschechischen Republik auf der anderen Seite.
(→ DD, S. 46/47; DW, S. 15)
29 (5./1) *1. Schritt:* Ein Lkw verlässt eine Autobahn, die jetzt offensichtlich mautpflichtig wird. Die Aufschrift Feinstaub deutet auf die Emissionen des Lkw hin.
2. Schritt: Anlass der Karikatur ist die erlassene Mautpflicht auf den Autobahnen und die Einführung von Umweltzonen in Städten.
3. Schritt: Die *Aussage der Karikatur* zielt auf die Tatsache, dass einige Lkw wegen der Mautpflicht vermehrt Landstraßen nutzen. Hier wird dargestellt, wie ein Lkw durch eine Stadtmitte fahren möchte. Nur ist das wegen der Umweltzonen in vielen Städten nicht mehr möglich. Die finanziellen Belastungen z. B. auf Speditionen (Lkw) werden größer.

31 (1a) Für die Meyer-Werft ist die Ems eine wichtige *Wasserstraße* zur Überführung der Schiffe zur Nordsee.

31 (1b) *Hauptfunktion des Emssperrwerks* ist der Küstenschutz. Durch das Emssperrwerk wird das Hinterland vor Sturmfluten geschützt werden. Bei Sturmfluten werden die Tore geschlossen und ein flussaufwärtiges Vordringen der Hochwasserstände wird verhindert. Zudem bietet das Emssperrwerk die Möglichkeit, die Ems zur Überführung von Schiffen mit einem Tiefgang bis 8,5 m für maximal 52 Stunden anzustauen.
Lösungshinweis: Das Emssperrwerk besitzt eine Haupt- und eine Binnenschifffahrtsöffnung, sowie fünf nicht befahrbare Nebenöffnungen. Die 60 m breite Hauptschifffahrtsöffnung wird von einem Drehsegmenttor geschlossen, das in der Bauart etwa den Toren des britischen Themsesperrwerks entspricht. Bewegt wird dieses Tor durch zwei Hydraulikzylinder. Wasserballast und Auftriebskörper ermöglichen eine 180°-Position des Verschlusskörpers. Im offenen Zustand ist das Tor in einer Drempelmulde untergebracht und kann von allen Schiffen ohne Höhenbegrenzung überfahren werden.
Die 50 m breite Binnenschifffahrtsöffnung wird von einem Segmenttor verschlossen, das im Aufbau den Toren des Huntesperrwerks in Elsfleth gleicht. Im offenen Zustand steht das Tor waagerecht über der Ems und wird mittels Hydraulik in die geschlossene Position heruntergefahren. Diese Öffnung kann nur von (Binnen-)Schiffen befahren werden, die eine vom Wasserstand abhängige Höhe (5,25 m über Mitteltidehochwasser) nicht überschreiten. Außerdem ist sie nur flussaufwärts (in östliche Richtung) zu befahren.
Die Nebenöffnungen (50,0 bzw. 63,5 m Öffnungsweite) werden durch Hubtore verschlossen. Das Sperrwerk lässt sich innerhalb von 30 Minuten schließen, nach 45 Minuten sind alle Öffnungen wieder frei.
31 (2) Von der Werft aus wird der *Luxusliner* mit Schleppern, mit dem Heck voran, auf die Ems gezogen. Die Ems wird durch das Emssperrwerk bei Gandersum um etwa 1,75 m über den normalen Wasserstand aufgestaut. So haben die Luxusliner genügend Tiefgang. Mit Schleppern wird der Luxusliner nun rückwärts über die Ems durch den Dol-lart in die Nordsee geschleppt.
31 (3a) Durch die Aufstauung verlieren viele geschützte Vogelarten ihre Brut- und Rastgebiete.
31 (3b) Für die Meyerwerft ist die Ems als Wasserstraße von allergrößter Bedeutung.
31 (3c) Für die Menschen in der Region ist das Sperrwerk bedeutsam für den Küstenschutz und es trägt indirekt zum Erhalt von Arbeitsplätzen (Meyer-Werft) bei.
31 (4) Individuelle Aufgabenlösung.
Lösungshinweis: Interessant dürfte auch die Thematisierung der Optionen „Verlegung der Meyer Werft“ oder „Bau eines Kanals“ sein. Eine Recherche zu aktuellen Stand der Diskussion wird empfohlen.

Tourismus

34 (1) *M2* zeigt die große Vielfalt bei den *Urlaubsmöglichkeiten*. Man kann verschiedene Landschaften bereisen (z. B. Küsten, Gebirge oder in Landschaften mit extremen Bedingungen wie Wüsten oder Polargebiete). Je nach Alter gibt es verschiedene Angebote (Wintersport, Mountainbiking, Studienreisen und Wellnessaufenthalte). Die

Vielfalt der einzelnen Reiseziele reicht von Städtereisen über Wanderungen bis hin zu See- oder Flusskreuzfahrten.
34 (2) Individuelle Aufgabenlösung.
34 (3) Individuelle Aufgabenlösung.
34 (4) Der *Begriff Tourismus* bezeichnet den Ortswechsel zum Zwecke der Erholung oder Bildung an Orten oder in Gegenden, die mit entsprechenden Einrichtungen (Hotels, Gaststätten) ausgestattet sind. Je nach der Besonderheit des Zielortes sind entsprechende Einrichtungen vorhanden (z. B. Theater, Skipisten).
34 (5) Die Hauptaufgabe der Angestellten in einem Reisebüro besteht in einer Beratung von Kunden über mögliche Reiseziele und dem Verkauf von Reisen. Überwiegend werden heute Pauschalreisen verkauft. Man kann aber auch nur Flugreisen oder Hotels über Reisebüros buchen.
34 (6) *Einzelheiten:* Rezeption, Aufenthalts- und Fernsehräume, Restaurant, Minimarkt, Sauna, Garten, Amphitheater, Pools, Poolbar; weitere Einzelheiten zur Verpflegung, Sportmöglichkeiten sowie zu Angeboten für Kinder.
34 (7) Der Reisepreis beträgt 2 130 Euro.

37 (1) *Garmisch-Partenkirchen:* Curling, Eissport, Freibad, Hallenbad, Minigolf, Tennis; *Grainau:* Freibad, Hallenbad, Tennis, Tennishalle; *Eibsee:* Klettergarten, Bootsverleih.
37 (2a) Auf den Hausberg, auf den Osterfelderkopf, zum Eckbauer, zwei Verbindungen auf die Zugspitze, zur Sonn-Alpin.
37 (2b) Angegeben ist jeweils die höchste Stufe der einzelnen Ausflugsziele. Alle darunter liegenden werden durchquert.
- Eis-, Schnee-, Fels-, Schuttregion: Zugspitze, Sonn-Alpin;
- Matten: Osterfelderkopf;
- Nadelwald: Hausberg;
- Misch- oder Laubwald: Eckbauer.

37 (3) Individuelle Aufgabenlösung.

39 (1) *a)* Eislaufen, Eisstockschießen, Skilanglauf, Pferdeschlittenfahrt, Rodeln, Skiabfahrt, Tourenabfahrt, Winterwandern, Curling; *b)* Drachenfliegen, Schwimmen, Hochseilgarten, Paragliding, Tennis.
39 (2a) Pistenpflege im Sommer: Beseitigung von Buckeln und Bäumen; Pistenpflege im Winter: Neuschnee walzen, eventuell Kunstschnee erzeugen.
39 (2b) Es gibt etwa 20 Skilifte und Abfahrtspisten.
39 (3) *Veränderungen:* Neubau von Hotels, Gasthöfen, Geschäften, Sportplätzen, Parkplätzen, Ausbau des Straßennetzes und der gesamten Tourismusinfrastruktur.

40 (1) Die Temperaturen liegen im *April* im Tal über dem Gefrierpunkt, auf der Zugspitze dagegen darunter.
40 (2) *Jeweils von unten nach oben:* Jahresmitteltemperaturen nehmen ab (von 5 °C auf -2 °C); Niederschläge nehmen zu (von 1 200 mm auf 2 000 mm); Pflanzenwachstum: Misch- oder Laubwald, Nadelwald, kleinere Bäume und Latschen, Matten (Gräser und kleine Sträucher), Fels und Schutt, Eis und Schnee.

40 (3) Misch- oder Laubwald ca. 1 300 m, Nadelwald ca. 1 700 m, kleinere Bäume und Latschen ca. 1 900 m, Matten ca. 2 300 m, Fels und Schutt ca. 2 500 m, Eis und Schnee über 2 500 m.
40 (4) Individuelle Aufgabenlösung.
Lösungshinweis: Für die Zeichnung des Profils sollte folgender Maßstab verwendet werden: Länge – 1 km entspricht 1 cm, Höhe – 1 000 m entsprechen 2 cm.
40 (5) Individuelle Aufgabenlösung.

43 (1) *Gründe:* ganzjähriger Tourismus mit den damit verbundenen Ver- sowie Entsorgungsfahrten, ständig zunehmender Gütertransitverkehr zwischen Mittel- sowie Süd- und Südosteuropa.
43 (2) Individuelle Aufgabenlösung.
Lösungshinweis: Mont Cenis: Turin – Lyon, Lötschbergtunnel: Bern – Mailand, Brenner: Innsbruck – Bozen/Verona, Tauerntunnel: Salzburg – Klagenfurt, St. Gotthard-Tunnel: Zürich – Mailand.
(→ DD, S. 118/119; DW, S. 76/77)
43 (3) Individuelle Aufgabenlösung.
43 (4) Individuelle Aufgabenlösung.

45 (1a) Gefahren durch Lawinen und Muren (Todesopfer, hohe Sachschäden).
45 (1b) Rückdrängung der Vegetation (bis zu einem Drittel weniger Arten), Abholzung des Bergwaldes, Verschmutzung und Belastung der Landschaft.
45 (2) Reduzierung des Lebensraums durch Zerstörung der Reviere, Lärm und Futtermangel.
45 (3) Individuelle Aufgabenlösung.

47 (1a) Individualverkehr eindämmen, Massentourismus vermeiden, Ausweitung von Landschaftsschutzgebieten.
47 (1b) Individuelle Aufgabenlösung.
47 (1c) Ein „Fairer Urlaub" beginnt und endet mir einer „umweltschonenden An- und Abreise".
47 (2a) *Nordsee:* Borkum, Norderney, Langeoog, St. Peter-Ording, Wyk auf Föhr, Westerland; *Ostsee:* Damp, Heiligenhafen, Burg auf Fehmarn, Grömitz, Timmendorfer Strand, Kühlungsborn, Graal-Müritz, Prerow, Binz, Zinnowitz, Heringsdorf.
(→ DD, S. 46/47; DW, S. 16/17)
47 (2b) Individuelle Aufgabenlösung.
Lösungshinweis (Auswahl): Potsdam, Dresden, Weimar, Leipzig, Berlin, Erfurt, Rothenburg o.d.T., Nürnberg, Regensburg, München, Freiburg, Stuttgart.
(→ DD, S. 80/1; DW, S. 46/①)
47 (2c) Wattenmeer, Darß, Müritz, Harz, Sächsische Schweiz, Berchtesgadener Alpen.
47 (2d) Borkum, Norderney, Langeoog (Ostfriesische Inseln); Wyk auf Föhr, Westerland (Nordfriesische Inseln); Prerow (Darß).
Oberstdorf, Bad Hindelang (Allgäu); Garmisch-Partenkirchen, Reit im Winkl, Ruhpolding, Berchtesgaden (Oberbayern).

48 (1) Individuelle Aufgabenlösung.
48 (2) *M1 z. B.:* angemessener Preis, Vermeidung von unnötigem Abfall, Unterkunft im landestypischen Stil; *M3 z. B.:* Praktizierung von Umweltschutz durch Ausschluss von kraftstoffbetriebenen Autos; *M5 z. B.:* nur Öko-Höfe, Verwendung regionaler Produkte in der Küche; *M6 z. B.:* Verhalten der Urlauber, die Sitten und Gebräuche sowie die Regeln des Naturschutzes beachten.
48 (3) „Atmosfair" fordert, dass man bei jeder Reise darüber nachdenkt, wie stark die Umwelt durch diese belastet wird. Man sollte eine freiwillige zusätzliche Zahlung (Höhe je nach Länge der Reise) leisten. Mit diesem Geld werden Umweltschutzmaßnahmen finanziert.
48 (4) Individuelle Aufgabenlösung.

50 (1) *Lage der Balearen:* im nordwestlichen Mittelmeer, vor der spanischen Ostküste; *Inseln:* Mallorca, Menorca, Ibiza, Formentera.
(→ DD, S. 122/123; DW, S. 90/91/①)
50 (2) *Einrichtungen des Massentourismus:* Flughafen, Hotels, Appartementanlagen, Marinas (Häfen für Motor- und Segeljachten), Tennis- und Golfplätze, Restaurants, Bars, Diskos, Supermärkte, Autovermietungen, Wechselstuben.
50 (3) Individuelle Aufgabenlösung.
Lösungshinweis: Rückgriff auf das Vorwissen der Schülerinnen und Schüler aus den Jahrgangsstufen 5/6 (s. Schülerbuch 5/6, S. 25).

51 (4) *Probleme des Massentourismus:* Beschaffung von ausreichenden Wassermengen, Müllentsorgung, Strandreinigung, notwendige Kläranlagen.
51 (5) Individuelle Aufgabenlösung.

53 (1) Ab dem Jahr 1956 kamen immer mehr Touristen mit dem Flugzeug nach Mallorca. Da die Gästezahlen in den folgenden Jahrzehnten stark anstiegen, wurden die Strände mit immer mehr Hotels und anderen touristischen Einrichtung bebaut. Die Versorgung der Touristen und die Entsorgung von immer mehr anfallendem Müll wurde zum Problem.
53 (2) Mitte der 1990er-Jahre begann man auf Mallorca alte Hotels abzureißen, um vom Billigtourismus wegzukommen und wieder mehr freie Flächen in der Nähe der Strände zu schaffen.
53 (3) Ziel ist eine Entkernung (Abriss vieler Hotels) auf den strandnahen Flächen. Der Bau eines Boulevards mit Parkhäusern und einer Straßenbahnlinie hinter einer Grünzone, die sich parallel zu Strand erstrecken soll, sind weitere Ziele der Planungen.

54 (1) Individuelle Aufgabenlösung.

55 (2) *Gebirge:* 1 Skanden, 2 Ural, 3 Pyrenäen, 4 Zentralmassiv, 5 Vogesen, 6 Alpen, 7 Sudeten, 8 Apenninen, 9 Dinarisches Gebirge, 10 Karpaten, 11 Balkan; *Städte:* Am. Amsterdam, At. Athen, B. Berlin, Ba. Barcelona, Bf. Belfast, Be. Bern, Bl. Belgrad, Bi. Birmingham, Bk. Bukarest, Br. Brüssel, Bra. Bratislava, Bu. Budapest, Ch. Charkiw,

Chi. Chişinau, Da. Danzig, Do. Donezk, Du. Dublin, Gl. Glasgow, He. Helsinki, Is. Istanbul, K. Kiew, Kö. Königsberg, Ko. Kopenhagen, Ks. Kasan, Li. Lissabon, Lj. Ljubljana, Lo. London, Lv. Liverpool, Ly. Lyon, M. Madrid, Ma. Marseille, Mi. Minsk, Ml. Mailand, Mo. Moskau, Ne. Neapel, Os. Oslo, P. Paris, Pe. Perm, Po. Podgorica, Pr. Prag, Pri. Priština, R. Rom, Re. Reykjavik, Ri. Riga, Ro. Rotterdam. Sa. Salzburg, Sb. Straßburg, Sj. Sarajevo, Sk. Skopje, So. Sofia, S.P. Sankt Petersburg, St. Stockholm, T. Tallinn, Ti. Tirana, V. Vilnius, W. Wien, Wa. Warschau, Wo. Wolgograd, Z. Zürich, Za. Zagreb; *Flüsse:* a Tajo (Spanien)/Tejo (Portugal), b Ebro, c Loire, d Seine, e Themse, f Rhône, g Rhein, h Po, i Elbe, j Oder, k Weichsel, l Donau, m Dnipro, n Don, o Wolga; *Meere/Meeresteile:* A Atlantischer Ozean, B Europäisches Nordmeer, C Nordsee, D Ostsee, E Der Kanal, F Golf von Biscaya, G Straße von Gibraltar, H Mittelmeer, I Adriatisches Meer, J Ägäisches Meer, K Schwarzes Meer, L Bosporus; *Inseln:* 1 Mallorca, 2 Korsika, 3 Sardinien, 4 Sizilien.

55 (3a) 1. Europa, 2. Ungarn, 3. Russland, 4. Ostsee, 5. Portugal, 6. Athen, 7. Ebro, 8. Island, 9. Sofia, 10. Cevennen, 11. Hamburg, 12. Estland, 13. Uralgebirge, 14. Neapel, 15. Irland, 16. Oslo, 17. Niederlande.
(→ DD, S. 84/85/②, 93/⑤; DW, S. 61/⑤; 62/63/①)

55 (3b) *Lösungswort:* Europäische Union.

57 (1) Individuelle Aufgabenlösung.

57 (2) *Zwinger:* zwischen Semperoper und Taschenbergpalais; *Semperoper:* in Elbnähe; *Albertinum:* östlich der Frauenkirche; *Terrassenufer:* südliches Elbufer, zwischen Augustusbrücke und Neuer Carolabrücke.

57 (3a) *August der Starke:* 1694–1733; Kurfürst, zeitweise König von Polen; ließ den Zwinger bauen.

57 (3b) *Zerstörung Dresdens im Zweiten Weltkrieg:* Im Jahre 1940 hatte die Stadt etwa 700 000 Einwohner; fünf schwere Luftangriffe am 13. und 14.02.1945 (rund 35 000 Tote) führten zur Zerstörung der Innenstadt.

58 (1) Der Dampfer fährt in südöstlicher Richtung.
(→ DD, S. 50/51, 93/⑤; DW, S. 18/19)

59 (2) Individuelle Aufgabenlösung.
Lösungshinweis (Auswahl): Landhöhen, Orte, Verkehrslinien, Grenzen, Gewässer.

59 (3) *Abbildung* durch unterschiedliche Farbgebung (Dunkelgrün bis Dunkelbraun).

59 (4) Individuelle Aufgabenlösung.
Lösungshinweis (Auswahl): Verteilung der Niederschläge, Verbreitung von Religionen, Stadtviertel, landwirtschaftliche Nutzung, Zeitzonen.
(→ DD, S. 14/③, 37/③, 66/②, 88/②, 100/101/①; DW, S. 41/②; 26/②, 42/①, 193/③, 195/③)

61 (1) Individuelle Aufgabenlösung.
Lösungshinweis (Auswahl): Reiseverkehrskauffrau, Flugkapitän, Koch, Hoteldirektorin, Zugbegleiter, Fremdenführerin, Betreiber eines Campingplatzes, Busfahrerin, Souvenirverkäufer, Postkartenhersteller.

61 (2) Ganz überwiegend kommen die Gäste, um zu wandern oder um Radtouren zu unternehmen. Das bedeutet, dass der Ausbau und die Pflege von Rad- sowie Wanderwegen im Vordergrund stehen muss.
61 (3) Die Einnahmen aus dem *Übernachtungstourismus* fließen überwiegend in das Hotel- und Gaststättengewerbe. Der *Tagestourismus* bringt vor allem Einnahmen für die Gastronomie und den Einzelhandel.
61 (4) Individuelle Aufgabenlösung.
Lösungshinweis (Auswahl): Radwege, Wanderwege, Hotels, Gaststätten, Schutzhütten, Parkmöglichkeiten.
61 (5) *Lage:* östlich des Rheins, südlich des Mains, an der südlichen hessischen Landesgrenze zu Baden Württemberg.
61 (6) *Wandern:* z. B. Wandergebiet nordöstlich von Michelstadt; Radfahren/Mountainbiking: z. B Nord-Süd-Strecke durch Erbach; *Naturerlebnis:* z. B. südwestlich von Michelstadt; *Besichtigung von historischen Bauwerken:* z. B. Gebiet um Bad Rappenau; *Wellness/Gesundheitsurlaub/Essen und Trinken:* Vorhandensein von Einrichtungen in den in M7 aufgeführten Orten.
61 (7) Individuelle Aufgabenlösung.

63 (1a–d) Individuelle Aufgabenlösungen.
63 (2) Individuelle Aufgabenlösung.

64 (1./1a) *Kreml:* Moskau, *Eiffelturm:* Paris, *Alhambra:* Granada, *Prater:* Wien, *Fischerbastei:* Budapest, *Männeken Pis:* Brüssel, *Hradschin:* Prag, *Kolosseum:* Rom, *Schiefer Turm:* Pisa, *Akropolis:* Athen.
64 (1./1b) *Huerta:* Bewässerungsgebiete mit Obst- und Gemüseanbau (Spanien);
Fjell: baumlose Hochflächen, z. T. mit Mooren (Skandinavien);
Loch Ness: See in Schottland (Großbritannien);
Krim: Halbinsel im Schwarzen Meer (Ukraine); *Bosporus:* Meerenge zwischen Schwarzem Meer und Mittelmeer (Türkei);
Fjord: langgestreckte Meeresbucht (Norwegen); *Skagerrak:* Meerenge zwischen Nord- und Ostsee (Norwegen, Dänemark);
Gracht: Kanal in niederländischen Orten (Niederlande); *Haff:* flache Meeresbucht, durch Nehrung fast vollständig vom Meer abgeschlossen (Polen, Russland);
Brenner: Pass (Übergang über die Zentralalpen) (Österreich, Italien);
Macchie: Strauchvegetation (Mittelmeerraum); *Riviera:* Küstenstreifen am Mittelmeer zwischen Toulon und La Spezia (Frankreich, Italien).
64 (1./1c) *Shetland:* Nordsee (Großbritannien); *Ibiza:* Mittelmeer (Spanien); *Korsika:* Mittelmeer (Frankreich); *Usedom:* Ostsee (Deutschland); *Gotland:* Ostsee (Schweden); *Kreta:* Mittelmeer (Griechenland); *Bornholm:* Ostsee (Dänemark); *Helgoland:* Nordsee (Deutschland); *Malta:* Mittelmeer (Malta); *Lofoten:* Europäisches Nordmeer (Norwegen); *Sardinien:* Mittelmeer (Italien); *Färöer:* Europäisches Nordmeer (Dänemark).
64 (1./2) Individuelle Aufgabenlösung.
Lösungshinweis (Staat – Landschaft/Fremdenverkehrsgebiet, Auswahl): Kroatien – Istrien, Dalmatien; Ungarn – Balaton; Belgien – Ardennen; Polen – Ostpommern, Sude-

ten; Italien – Alpen, Toskana, Riviera, Riviera del Sole, Abruzzen, Sardinien, Kalabrien, Sizilien; Portugal – Algarve.
(→ DD, S. 84/85/②, 93/⑤; DW, S. 61/⑤; 62/63/①)

65 (2./1)

Garmisch-Partenkirchen	*Mallorca*	*Dresden*
500 km	1 500 km	300 km
-3 °C	10 °C	-1 °C
Bergwandern, Skilaufen	Baden, Surfen	Besichtigungen
in der Nähe der Zugspitze	im Mittelmeer	an der Elbe
im Bundesland Bayern	vor der spanischen Küste	im Bundesland Sachsen
720 m	0–1 445 m	106 m
Schneefernerhaus, Olympiastadion	Kathedrale von Palma, Altstadt von Soller	Zwinger, Frauenkirche
15 °C	26 °C	18 °C

65 (2./2) *Lösungswort:* IN DEN FERIEN BESUCHE MACHEN.
65 (3.) Erich Kästner warnt vor dem Massentourismus in den Alpen. Er weist auf die Folgen des Skitourismus hin.
65 (4./1) Individuelle Aufgabenlösung.

66 (1a) 1890 war der größte Teil des Zugspitzplatts mit Schnee und Eis bedeckt. Heute ist diese Fläche wesentlich geringer (maximal ein Drittel).
66 (1b) Zurzeit gibt es rund 600 schneesichere Orte in den Alpen. Bei einem Anstieg der Durchschnittstemperatur um 1 °C sind es rund 520, bei einem Anstieg um 2 °C sind es etwa 450 Orte.
66 (2a) Individuelle Aufgabenlösung.
Lösungshinweis (gleiches Interesse vorausgesetzt): Überfüllung in den verbleibenden schneesicheren Alpenorten. Erheblich weitere Anfahrt zu anderen Gebieten in Europa und Übersee.
66 (2b) Individuelle Aufgabenlösung.
66 (2c) Individuelle Aufgabenlösung.
66 (2d) „Atmosfair" Tickets zum Ausgleich der angerichteten Umweltschäden bei einem Flug in die Rocky Mountains kosten 216 Euro; in die Anden, je nach Zielort, 216 oder 336 Euro; nach Skandinavien 28 Euro.

67 (3a) Individuelle Aufgabenlösung.
Lösungshinweis (Auswahl): Skilehrerinnen, Kellner, Skiliftbetreiber, Verkäufer, Hotelbesitzer, Köchinnen.
67 (3b) Individuelle Aufgabenlösung.
67 (4) Individuelle Aufgabenlösung.

Klima- und Vegetationszonen und ihre landwirtschaftliche Nutzung

70 (1) *Nördliche Polarzone:* ungefähr zwischen Nordpol und nördlichem Polarkreis (66,5° nördlicher Breite), *südliche Polarzone:* etwa zwischen Südpol und südlichem Polarkreis (66,5° südlicher Breite), *tropische Zone:* ungefähr zwischen nördlichem Wendekreis (23,5° nördlicher Breite) und südlichem Wendekreis (23,5° südliche Breite).
(→ DD, S. 14/15/①; DW, S. 179/③)
70 (2) Tropische Zone (Tropen).
70 (3) Asien, Nordamerika.

71 (4) *M2* zeigt die *Einfallswinkel der Sonnenstrahlen* am 21.06. (Sommeranfang Nordhalbkugel, Sonne steht im Zenit über nördlichem Wendekreis). Am steilsten ist der Einfallswinkel deshalb am nördlichen Wendekreis. (*Hinweis:* Am 23.09. und am 21.03. steht die Sonne über dem Äquator im Zenit, auf der Nordhalbkugel ist dann Herbst- bzw. Frühlingsanfang. Am 21.12. steht die Sonne über dem südlichen Wendekreis im Zenit, auf der Nordhalbkugel ist dann Winteranfang). Zwischen den Wendekreisen ist der Einfallswinkel der Sonnenstrahlen auf die Erdoberfläche immer sehr steil. Je weiter man nach Norden bzw. Süden kommt, desto flacher fallen die Sonnenstrahlen ein.
71 (5) Schritte zur Auswertung siehe Schülerbuch S. 73.
M3: Managua
1. Schritt:
- Station: Managua/Nicaragua, 56 m ü. M.
- Lage: 12°8'N/86°11'W (Mittelamerika)

2. Schritt:
- Jahresmitteltemperatur: 27,3 °C, tropische Zone
- wärmster Monat: Mai (ca. 20 °C), kältester Monat: Januar/Dezember (ca. 17 °C), Unterschied: ca. 3 °C
- Verlauf der Temperaturkurve: zwischen 15 °C und 20 °C, relativ gleichmäßig

3. Schritt:
- Jahresniederschlag: 1 142 mm
- regenreichster Monat: Juni (knapp 400 mm), regenärmster Monat: Februar (ca. 2 mm), Unterschied: knapp 400 mm
- humide Monate: Mai bis November, aride Monate: Dezember bis April

4. Schritt:
- Wachstumszeit für Wild- und Kulturpflanzen: Mai bis November, da Temperatur und Niederschlag als Bedingungen für das Wachstum der Pflanzen ausreichen

M4: Wostok
1. Schritt:
- Station: Wostok/Antarktis, 46 m ü. M.
- Lage: 78°28'S/106°48'O (Südpolargebiet)

2. Schritt:
- Jahresmitteltemperatur: -55,4 °C, Polarzone
- wärmster Monat: Januar/Dezember (ca. -30 °C), kältester Monat: August (ca. -70 °C), Unterschied: ca. -40 °C
- Verlauf der Temperaturkurve: zwischen -30 °C und -70 °C, stark ausgeprägt

3. Schritt:
- Jahresniederschlag: 25 mm
- Niederschläge: sehr geringe Niederschläge über das ganze Jahr (Niederschläge fallen als Schnee)
- ganzjährig humid

4. Schritt:
- Wachstumszeit für Wild- und Kulturpflanzen: Wachstum von Pflanzen aufgrund der ganzjährig extremen Temperaturen unter dem Gefrierpunkt nicht möglich

Vergleich: Managua liegt in der tropischen Zone mit steil einfallenden Sonnenstrahlen und damit größerer Erwärmung. *Wostok* liegt in der Polarzone mit flach einfallenden Sonnenstrahlen, dadurch ist es in der Region kälter als in der tropischen Zone.

71 (6) In den *Tropen* ist der Einfallswinkel der Sonnenstrahlen ganzjährig sehr steil. Deshalb gelangt dort mehr Sonnenenergie auf einen Quadratmeter Boden als in anderen Breiten (z. B. am Äquator dreimal mehr als an den Polen in der *Polarzone*). Deshalb ist es zwischen den Wendekreisen am wärmsten.

71 (7) Da die Erde eine Kugelgestalt aufweist, fallen die Sonnenstrahlen unterschiedlich steil auf die Erdoberfläche ein. Dadurch wird die Erdoberfläche auf verschiedenen geographischen Breiten unterschiedlich erwärmt. Das führt zu den verschiedenen *Klimazonen*. Die Klimazonen verlaufen jedoch nicht genau parallel zu den Breitenkreisen, sondern sie sind an vielen Stellen „ausgebeult". Gründe dafür sind z. B. Einfluss von Land und Meer, Höhenlage eines Gebietes, Winde und Meeresströmungen, Feuchtigkeitsgehalt der Luft, Beschaffenheit des Bodens und der Pflanzendecke, Lage und Höhe von Gebirgen.

72 (1) *Waldgebiete:* Besonders deutlich ist das zusammenhängende Waldgebiet am Amazonas in Südamerika zu erkennen. Weitere große Waldgebiete: in Kanada, Skandinavien, Sibirien, Indonesien und im Kongobecken.

Wüsten: Besonders deutlich ist die Sahara in Nordafrika zu erkennen. Weitere Wüsten: Große Arabische Wüste (Westasien), Namib (im Südwesten Afrikas), Große Sandwüste und Große Victoriawüste (Australien), Wüste Gobi (Zentralasien).

Polare Kältewüsten: Grönland, Gletscherbereiche in Hochgebirgen (z. B. Himalaya).

(→ DD, S. 6/7/①; DW, S. 172/173/①)

72 (2) Schritte zur Auswertung siehe Schülerbuch S. 73.

M2: Ouagadougou

1. Schritt:
- Station: Ouagadougou/Burkina Faso, 300 m ü. M.
- Lage: 12°22'N/1°31'W (Afrika am Südrand der Sahara)

2. Schritt:
- Jahresmitteltemperatur: 28,8 °C, tropische Zone
- wärmster Monat: April (34 °C), kältester Monat: Januar (25 °C), Unterschied: ca. 9 °C
- Verlauf der Temperaturkurve: zwischen 25 °C und 34 °C, relativ geringe Schwankungen

3. Schritt:
- Jahresniederschlag: 897 mm

– regenreichster Monat: August (280 mm), regenärmster Monat: Januar/Dezember (0 mm), Unterschied: 280 mm
– humide Monate: Mai bis September, aride Monate: Oktober bis April

4. Schritt:
– Wachstumszeit für Wild- und Kulturpflanzen: Mai bis September, da Temperatur und Niederschlag als Bedingungen für das Wachstum der Pflanzen ausreichen

72 (3a/b) Individuelle Aufgabenlösungen.

75 (1) *Polare Kältewüste*: Polarzone; *Tundra:* Subpolarzone, gemäßigte Zone; *nördlicher Nadelwald:* Subpolarzone, gemäßigte Zone; *sommergrüner Laub- und Mischwald:* gemäßigte Zone; *Hartlaubgewächse der Winterregengebiete:* subtropische Zone; *Wüste/Halbwüste:* subtropische Zone, tropische Zone; *Savannen:* tropische Zone; *tropischer Regenwald:* tropische Zone.

75 (2) Individuelle Aufgabenlösung.

75 (3) *Klimazonen:* subtropische Zone, tropische Zone, subtropische Zone, gemäßigte Zone; *Vegetationszonen:* Hartlaubgehölze der Winterregengebiete, Wüste/Halbwüste, Dornstrauch-, Trocken-, Feuchtsavanne, tropischer Regenwald, Feucht-, Trocken-, Dornstrauchsavanne, Wüste/Halbwüste, Hartlaubgehölze der Winterregengebiete, sommergrüner Laub- und Mischwald.
(→ DD, S. 14/15/①, 16/17; DW, S. 179/③, 180/181/①)

75 (4) Gemäßigte Zone, Subpolarzone, Polarzone.

75 (5) *Finnland:* Subpolarzone/gemäßigte Zone – Tundra/nördlicher Nadelwald; *Polen:* gemäßigte Zone – nördlicher Nadelwald; *Libyen:* subtropische Zone – Hartlaubgehölze der Winterregengebiete/Wüste und Halbwüste; *Tschad:* tropische Zone – Savannen; *Angola:* tropische Zone, Savannen.
(→ DD, S. 14/15/①, 16/17, 26/27/①; DW, S. 179/③, 180/181/①, 194/195/①)

77 (1) *Städte:* S.F. San Francisco, L.A. Los Angeles, N.Y. New York, R.J. Rio de Janeiro, S.P. São Paulo, B.A. Buenos Aires, Lo. London, Be. Berlin, Pa. Paris, Mo. Moskau, Ka. Kapstadt, Jo. Johannesburg, Bo. Bombay, Pe. Peking, To. Tokio, Sy. Sydney; *Flüsse/See:* a Mississippi, b Amazonas, c Paraná, d Nil, e Kongo, f Donau, g Wolga, h Ob, i Jenisej, j Jangtsekiang, k Kaspisches Meer, l Lena; *Ozeane:* A Pazifischer Ozean, B Atlantischer Ozean, C Indischer Ozean; *Kontinente:* 1 Nordamerika, 2 Südamerika, 3 Afrika, 4 Europa, 5 Asien, 6 Australien, 7 Antarktis; *Inseln/Landschaften:* 1 Grönland, 2 Sibirien, 3 Sahara, 4 Madagaskar, 5 Neuguinea, 6 Borneo, 7 Sumatra; *Gebirge:* ① Rocky Mountains, ② Anden, ③ Alpen, ④ Himalaya.

77 (2a) *Vom nördlichen Polarkreis:* USA, Kanada, Grönland (politisch zu Dänemark), Norwegen, Schweden, Finnland, Russland; *vom südlichen Polarkreis:* keine Länder, verläuft durch die Antarktis.

77 (2b) *Vom nördlichen Wendekreis:* Mexiko, Bahamas, Sahara, Algerien, Libyen, Ägypten, Saudi-Arabien, Vereinigte Arabische Emirate, Oman, Indien, Bangladesch, Myanmar (Birma), China, Taiwan; *vom südlichen Wendekreis:* Chile, Argentinien, Paraguay, Brasilien, Namibia, Botsuana, Südafrika, Mosambik, Madagaskar, Australien.

77 (2c) *Vom Äquator:* Ecuador, Kolumbien, Brasilien, Gabun, D.R. Kongo (Zaire), Uganda, Kenia, Somalia, Indonesien.

77 (3) 1 Anchorage, 2 Iquitos, 3 Dublin, 4 Kairo, 5 Lagos, 6 Jakutsk, 7 Singapur , 8 Davis.

78 (1) Individuelle Aufgabenlösung.
Lösungshinweis: Vorschlag: Säulendiagramm; *prozentuale Verteilung (Werte gerundet):* USA 40 %, China 19 %, Brasilien 5 %, Mexiko 3 %, Argentinien 3 %, Indien 2 %, Frankreich 2 %.
78 (2) Nahrungsmittel in Mittel- und Südamerika, Afrika und Asien; Nutztierfutter in den USA und Europa; Nutzung auch als Biogas zur Wärme- und Stromerzeugung.

79 (3) *Ursprungsgebiete:* Mittelamerika, nördliches Südamerika; *heutige Verbreitungsgebiete:* Nordamerika, Südamerika, Europa, Asien, Teile Afrikas und Australiens.
79 (4a/b) Individuelle Aufgabenlösungen.
79 (5) Bei Wärme, Sonne und guter Wasserversorgung wächst Mais schneller als andere Getreidearten (C4-Pflanze).
79 (6) Popcorn, Körnermais in Konserven, Maiskeimöl, Cornflakes, Erdnussflips, Polenta, Tortillas.
79 (7) Nutzung als Futtermittel für die Rinderhaltung (Silage als Winterfutter); Lebensmittelindustrie; Biogaserzeugung.
79 (8) Mais kann in Silos unter Luftabschluss haltbar gemacht werden (Winterfutter).

81 (1) Mais, Raps, Sonnenblumen, Flachs, Holz.
81 (2) *Vorteil:* Nachwachsende Rohstoffe sind erneuerbar, da sie immer wieder neu ausgesät werden können und nachwachsen.
81 (3) Energieerzeugung (Wärme, Strom Treibstoff), Schmierstoffe, Kosmetikindustrie, Leinenherstellung, Schaumstoffe, kompostierbares Einweggeschirr.
81 (4) Raps (Biodiesel), Mais für Biogas als Kraftstoff.
81 (5) Individuelle Aufgabenlösung.
Lösungshinweis: effektives Kosten-Nutzen-Verhältnis; Kraftstoff, der „nachwächst“; klimafreundlich; Unabhängigkeit von Erdgas- und Erdölimporten; Stärkung der regionalen Wirtschaft, günstiger Steuersatz.
81 (6) Individuelle Aufgabenlösung.

83 (1) *Lage:* Mittlerer Westen, östlich der Rocky Mountains.
83 (2) Fruchtbarer Boden, der sich leicht mit Maschinen bearbeiten lässt und auf dem hohe Erträge erzielt werden.
83 (3) Individuelle Aufgabenlösung.
Lösungshinweis: „Kein Regen, kein Ertrag, viel Qual“ bedeutet, dass die Niederschlagsmenge die Einnahmen der Farmer bestimmen. Wenn es nicht regnet, bleiben die Gewinne aus. Dieses bedeutet für die Farmer finanzielle Einbußen.
83 (4) Erträge hängen von den Niederschlägen ab, die von Jahr zu Jahr stark schwanken. Deshalb bewässern viele Farmer ihre Felder (Karussellbewässerung).
83 (5a) Früher grasten riesige Rinderherden in den Prärien. Heute werden Rinder in Feedlots, riesigen Freiluftgehegen, gehalten und gemästet. Durch geringe Bewegung wird das Futter effektiver in Fleisch umgesetzt.

83 (5b) Durch Feedlots wird die Rindfleischproduktion kostengünstiger und in größerem Umfang betrieben. Die Tiere erreichen schneller Schlachtreife.
83 (6) In genormten Mastbuchten, in denen jeweils bis zu 2000 Rinder stehen (mehr als 200000 Tiere insgesamt) wird vorgewärmtes Futter an die Tiere geliefert. Die gesamte Tierhaltung ist automatisiert.
83 (7) Texas, New Mexico, Oklahoma, Colorado, Kansas, Wyoming, Nebraska, South Dakota, Montana.
(→ DD, S. 200/201; DW, S. 154/155)

84 (1) *Factory Farms:* wie Industriebetriebe geführt (Arbeitsablauf, Schichtarbeit), gehören Aktiengesellschaften, Produktionsverbund (Futtermittelproduktion, Futtermittelverarbeitung, Rindermast, Schlachthof, Kühlhäuser, Transport).
84 (2) Der Produktionsverbund Monfort of Colorado gehört dem Lebensmittelkonzern *Conagra*, der Rinder, Tiermedizin, Düngemittel, Gentechnik und Saatgut liefert. Es bestehen Verflechtungen mit der Lebensmittel-, der Lederwarenindustrie, Supermärkten und Restaurantketten sowie anderen Ranches.
84 (3) Individuelle Aufgabenlösung.
Lösungshinweis: „Landwirtschaft ist Amerikas größter Industriezweig" bedeutet, dass sich die US-amerikanische Landwirtschaft wie ein Industriezweig organisiert hat. 2004 hatte die Landwirtschaft einen Anteil von 8,5 % am Gesamtexport.

85 (4) *Gebirge:* ① Rocky Mountains, ② Appalachen; *Gewässer:* a Nordpolarmeer, b Hudsonbai, c Pazifischer Ozean, d Atlantischer Ozean, e Sankt-Lorenz-Strom, f Große Seen (Buchstabe f steht im Michigansee), g Colorado, h Missouri, i Mississippi, j Rio Grande, k Golf von Mexiko; *Insel/Inselgruppen/Halbinsel:* 1 Aleuten, 2 Alaska, 3 Grönland, 4 Neufundland, 5 Niederkalifornien, 6 Florida, 7 Bahamas; *Städte:* O. Ottawa, Mo. Montréal, B. Boston, N.Y. New York, W. Washington, Mi. Miami, N.O. New Orleans, St.L. St. Louis, K.C. Kansas City, D. Detroit, M. Mexiko-Stadt, H. Houston, De. Denver, L.A. Los Angeles, S.F. San Francisco; *Staaten:* 1 Kanada, 2 Vereinigte Staaten von Amerika (USA), 3 Mexiko.
85 (5) Polarzone, Subpolarzone, gemäßigte Zone, subtropische Zone, tropische Zone.
85 (6) Individuelle Aufgabenlösung.
Lösungshinweis: Prärie: Hügellandschaft zwischen Mississippi und Rocky Mountains, Grasland, Lebensraum der Bisons; *Hollywood:* Stadtteil von Los Angeles mit Filmstudios; *Everglades:* Sumpflandschaft in Florida; *San Andreas-Spalte:* Riss in der Erdoberfläche in Kalifornien, parallel zur Pazifikküste; *Old Faithful:* Geysir im Yellowstone -Nationalpark; *Grizzly:* nordamerikanische Bärenart; *Tal des Todes:* Tal in der Wüste von Nevada; *Bermuda-Inseln:* Inselkette in der Karibik; *Niagarafälle:* Wasserfall des Niagara an der Grenze zwischen den USA und Kanada; *Inuit:* Volk in Nordkanada; *Hudsonbai:* Meeresbucht im Osten Kanadas; *Mount St. Helens:* Vulkan in den Rocky Mountains; *Labrador:* kanadische Halbinsel; *Yellowstone-Nationalpark:* liegt in den Rocky Mountains; *Blizzard:* heftiger Schneesturm; *Hurrikan:* tropischer Wirbelsturm; *Yucatán:* mexikanische Halbinsel; *Grand Canyon:* Tal des Colorado, tiefe Schlucht; *Neufundland:* Insel in Nordkanada; *Jamaika:* Staat und Insel in der Karibik.

87 (1) Weit mehr als die Hälfte der Bevölkerung im *Senegal* lebt von der *Landwirtschaft*. Der Boden hat nur wenige Nährstoffe und benötigt daher nach einem Anbau immer viel Zeit, um sich zu erholen. Die Felder werden mit einfachen Mitteln bestellt. Für Maschinen und Dünger fehlt das Geld. Um mehr finanzielle Erlöse zu erzielen sind viele Bauern dazu übergegangen, Cash Crops anzubauen.
87 (2) *Cash Crops sind für die Bauern im Senegal* eine Möglichkeit, mehr Geld durch den landwirtschaftlichen Anbau zu erzielen. Mit mehr finanziellen Mitteln können sie sich z. B. auch Maschinen kaufen.
87 (3) Individuelle Aufgabenlösung.
Lösungshinweis: Es ist ein typischer Kreislauf. Da nun statt Nahrungsmittel für die Selbstversorgung Cash Crops angebaut werden, müssen Nahrungsmittel gekauft werden. Oftmals reichen die Einnahmen aber nicht für den Erwerb von Grundnahrungsmitteln aus. Die Bauern versuchen die Produktion zu steigern. Doch die nährstoffarmen Böden sind dafür kaum geeignet. Durch ein großes Angebot von Cash Crops auf dem Weltmarkt werden die Preise für diese günstiger.
87 (4) Die *Savannen* liegen beidseitig des Äquators. Von der tropischen Zone ausgehend sind sie folgendermaßen angeordnet: Feuchtsavanne, Trockensavanne, Dornstrauchsavanne.
87 (5) Die Menge des Niederschlags nimmt in der Reihenfolge (siehe Lösungsvorschlag zu 87/4) ab. Deshalb gibt es in der Feuchtsavanne mit nur 3–6 Trockenmonaten die meisten Niederschläge (Trockensavanne 6–8 Trockenmonate, Dornstrauchsavanne 8–10 Trockenmonate).
87 (6a) Schritte zur Auswertung siehe Schülerbuch S. 73.
M7: Kaolack
1. Schritt:
– Station: Kaolack/Senegal, 7 m ü. M.
– Lage: 14°9'N/14°30'W (Afrika, nahe am Atlantischen Ozean)
2. Schritt:
– Jahresmitteltemperatur: 27,9 °C, tropische Zone
– wärmster Monat: Mai (30 °C), kältester Monat: Januar (24 °C), Unterschied: ca. 6 °C
– Verlauf der Temperaturkurve: zwischen 24 °C und 30 °C, relativ geringe Schwankungen
3. Schritt:
- Jahresniederschlag: 696 mm
– regenreichster Monat: August (230 mm), regenärmster Monat: April (0 mm), Unterschied: 230 mm
– humide Monate: Juli bis September, aride Monate: Oktober bis Juni
4. Schritt:
– Wachstumszeit für Wild- und Kulturpflanzen: Juli bis September, da Temperatur und Niederschlag als Bedingungen für das Wachstum der Pflanzen ausreichen
87 (6b) *Kaolack* liegt in der Dornstrauchsavanne.

88 (1) Die „Kulturpflanze Reis“ ist Grundnahrungsmittel für die Hälfte der Menschheit und ist die älteste Kulturpflanze auf der Erde. Sie stammt aus China. 90 % der Weltproduktion von Reis liegt in Asien. Die USA sind der größte Reisexporteur. Neben der

Nutzung als Nahrungs- und Genussmittel dient Reis als Rohstoff für verschiedene Produkte (z. B. Tapetenkleister, Seifen, Kerzen, Hüte, Matten, Schuhe).

88 (2) Eingedämmte, vorbereitete Felder sind mit Wasser geflutet. In die gefluteten Teilbereiche werden Reispflanzen in Handarbeit gesetzt.

88 (3) Individuelle Aufgabenlösung.

Lösungshinweis: Reiskörner werden für verschiedene Nahrungs- und Genussmittel verwendet, Reiskleie dient als Viehfutter, Reisstärke z. B. als Tapetenkleister, aus Reisöl werden Seifen und Kerzen hergestellt, aus Reisstroh Hüte, Matten, Schuhe.

88 (4) *Reisanbaugebiete in Staaten/Regionen der Erde (Auswahl): Amerika:* USA (im US-Bundesstaat Arkansas), Mexiko (am Golf von Mexiko), Brasilien (Ostküste bei Salvador), Venezuela (Ebene nordwestlich der Anden), Kolumbien (Ebene nordwestlich der Anden); *Europa:* Spanien (Gebiet Albufera), Portugal (am Tejo), Frankreich (Sumpfgebiet Camargue), Italien (am Po); *Afrika:* Ägypten (am Nil), Nigeria (im zentralen Teil des Landes bei Ikare); *Asien:* Irak (am Tigris), Türkei (im Ostpontischen Gebirge), Iran (Nähe Kaspisches Meer), Pakistan (am Indus), Indien (Gangesebene), Bangladesch (nahe der Küste), China (am Jangtsekiang), Japan (Insel Honshu), Indonesien (Nordwestküste Sumatra), Vietnam (entlang der Ostküste und an der Südküste), Thailand (Südküste bei Bangkok), Myanmar (Mündungsgebiet des Nan), Laos (am Mekong), Kambodscha (an der Küste im Süden), Malaysia (auf Borneo); Australien (Sumpflandregion bei Darwin).

(→ DD, S. 100/101/①, 142/①, 176/①, 186/187/①, 194/195/①; DW, S. 66/67/①, 103, 116/117, 146/147/①, 151)

88 (5) Hohe Temperaturen, sehr viel Feuchtigkeit, Bewässerungssysteme.

88 (6) Vorbereiten des Feldes: Wässern und Pflügen; Aussaat der Reiskörner (Keimlinge); Pflanzen; Pflegearbeiten; Ernten und Dreschen.

91 (1) Ausweitung der landwirtschaftlichen Nutzfläche (Terrassen, Rodung, Bewässerung), Intensivierung (Züchtung, Düngereinsatz, Schädlingsbekämpfung, neue Bewässerungstechnik, Maschineneinsatz), staatliche Unterstützung, Preisgarantien, Exportförderung.

91 (2) *China:* staatliche Investitionen, Erhöhung des Reispreises, Ausweitung der Flächen führten zu höheren Erträgen; *Indien:* Ausbau der Bewässerungssysteme führen zur Ausweitung des Reisanbaus in trockenen Gebieten; *Thailand:* Verkaufsmonopol des Staates führt zu Einnahmen aus dem Export, die zur Finanzierung der zu verbessernden Anbaumethoden dienen.

91 (3) Einsatz modernster Technik (Planierung der Felder, Dammbau, Bewässerung, Aussaat per Flugzeug, Mähdrescher, Trocknungsanlagen, Reismühlen).

91 (4) „Goldener Reis“ ist ein genveränderter Reis, der eine Vorstufe des Vitamin A enthält. Er beugt dem verbreiteten Vitamin A-Mangel vor. Diese Reissorte bringt einen höheren Ertrag.

92 (1./1) a–C; b–D ; c–A; d–B.

92 (1./2) a–C: Wüste, b–D: Tundra, c–A: sommergrüner Laub- und Mischwald, d–B: Trockensavanne.

92 (1./3) Alle *Klimastationen* befinden sich auf der *Nordhalbkugel* der Erde (*Hinweis:* Hier könnte zusätzlich ein Klimadiagramm einer Station auf der Südhalbkugel zum Vergleich in die Diskussion mit eingebracht werden).
92 (2./1) Individuelle Aufgabenlösung.
92 (2./2) Jahresmitteltemperatur: 19,0 °C; Jahresniederschlag: 1 099 mm.
92 (2./3) Schritte zur Auswertung siehe Schülerbuch S. 73.
Chongqing
1. Schritt:
- Station: Chongqing/China, 261 m ü. M.
- Lage: 29°30'N/106°33'O (Asien, am Mittellauf des Jangtsekiang)

2. Schritt:
- Jahresmitteltemperatur: 19,0 °C, subtropische Zone
- wärmster Monat: August (29,1 °C), kältester Monat: Januar (9,2 °C), Unterschied: 19,9 °C
- Verlauf der Temperaturkurve: zwischen 9,2 °C und 29,1 °C, große Schwankungen

3. Schritt:
- Jahresniederschlag: 1 099 mm
- regenreichster Monat: Juni (186 mm), regenärmster Monat: Januar (19 mm), Unterschied: 167 mm
- humide Monate: ganzjährig (*Hinweis:* Dezember bis Februar fast ausgeglichen humid – arid)

4. Schritt:
- Wachstumszeit für Wild- und Kulturpflanzen: ganzjährig möglich, da Temperatur und Niederschlag als Bedingungen für das Wachstum der Pflanzen ausreichen

93 (3.)

	Durchschnittstemperatur (°C)	**Jahresniederschläge (mm)**	**Regenzeit (Monate)**	**Nahrungsmittel**	**Exportprodukte**
Dornstrauchsavanne	21 – 28	250 – 500	2 – 4	Hirse; Fleisch (Schafe, Ziegen, Rinder)	Erdnüsse, Baumwolle, Lederwaren
Trockensavanne	22 – 28	500 – 1 000	4 – 6	Mais, Hirse, Maniok, Gemüse; Fleisch (Schafe, Ziegen, Rinder)	Erdnüsse, Baumwolle, Lederwaren
Feuchtsavanne	23 – 28	1 000 – 2 000	6 – 10	Hirse, Mais, Bohnen, Knollenfrüchte, Gemüse, Bananen	Erdnüsse, Baumwolle

93 (4./1) ① Feuchtsavanne, ② tropischer Regenwald, ③ Dornstrauchsavanne, ④ sommergrüner Laub- und Mischwald, ⑤ Tundra, ⑥ Trockensavanne, ⑦ Wüste/ Halbwüste, ⑧ nördlicher Nadelwald (Taiga).
93 (4./2) ① *Feuchtsavanne:* Hirse, Mais, Maniok, Bananen, Erdnüsse, Baumwolle, Bohnen, Gemüse; ② *tropischer Regenwald:* Kaffee, Kakao, Bananen; ③ *Dornstrauchsavanne:* Hirse, Erdnüsse, Baumwolle; ④ *sommergrüner Laub- und Mischwald:* Mais, Weizen; ⑤ *Tundra:* vereinzelt aufgelockerte Baumbestände (z. B. Kiefern, Birken); ⑥ *Trockensavanne:* Mais, Hirse, Maniok, Gemüse, Erdnüsse, Baumwolle; ⑦ *Wüste/ Halbwüste:* in Oasen Obst, Gemüse; ⑧ *nördlicher Nadelwald (Taiga):* Holzwirtschaft.

95 (1a) Individuelle Aufgabenlösung.
Lösungshinweis: Zuckerrohr: bis 7 m hohe Pflanze mit maisähnlichen Blättern, mit bis zu 7 cm dicken Stängeln, enthält zuckersafthaltiges Mark mit einem Zuckergehalt von 13–20 %, Anbau in subtropischen Gebieten, Anbau bei 25 °C–28°C während der Wachstumsperiode und regenreichen Sommern, Ernte nach 11–20 Monaten, Verarbeitung geschieht ähnlich der Aufbereitung der Zuckerrübe.
95 (1b) Individuelle Aufgabenlösung.
Lösungshinweis: Biosprit ist ein flüssiger oder gasförmiger Kraftstoff, der aus Biomasse hergestellt und für den Betrieb von Motoren (z. B. Pkws) verwendet wird. Ausgangsstoffe sind pflanzliche Rohstoffe (z. B. Ölpflanzen). *Ethanol*, auch Äthylalkohol genannt, entsteht durch alkoholische Gärung von zucker- und stärkehaltigen Substanzen.
95 (2a) In den nächsten Jahre will *Brasilien* den *Zuckerrohranbau* erheblich steigern.
95 (2b) *Ziel* ist die Verdopplung der Ethanolproduktion, wovon beträchtliche Mengen für den Export produziert werden.
95 (3a) Die *Zuckerrohrplantagenbesitzer* können mit hohen Gewinnen rechnen.
95 (3b) Die *Arbeiter* müssen im Akkord mehr arbeiten. Sie leiden häufig unter Bronchialerkrankungen durch das Abbrennen des Zuckerrohrs vor der Ernte. Diese Situation wirkt sich auch auf die *Familien* aus (soziale, wirtschaftliche Auswirkungen).
95 (3c) Der Anstieg der Zuckerrohrproduktion vernichtet *Wald* und schränkt die Artenvielfalt ein. Der einseitige Anbau von Zuckerrohr auf den Flächen schädigt die *Böden*.
95 (4) Individuelle Aufgabenlösung.

Ökosystem tropischer Regenwald

98 (1a) Der *tropische Regenwald* ist fast ausschließlich zwischen dem nördlichen und dem südlichen Wendekreis verbreitet.
98 (1b) Individuelle Aufgabenlösung.
Lösungshinweis (Auswahl): Ecuador, Kolumbien, Peru, Brasilien, Liberia, Kamerun, Gabun, Kongo, Indien, Malaysia, Indonesien, Vietnam.
98 (2) *Alexander von Humboldt* war der erste Wissenschaftler, der Forschungsreisen in den tropischen Regenwald unternahm. Er entdeckte viel bis dahin unbekannte Pflanzen- sowie Tierarten und führte naturwissenschaftliche Untersuchungen durch. Damit trug er zur Entwicklung der geographischen und biologischen Wissenschaften bei.

98 (3) Individuelle Aufgabenlösung.
Lösungshinweis: David Livingstone (geb. 18.03.1813 in Blantyre–gest. 01.05.1873 in Chitambo am Bangweulusee).
Livingstone war Baumwollspinner, beschäftigte sich auch mit Medizin und Theologie. Er ging 1840 als Missionar nach Südafrika.
Er durchwanderte die Wüste Kalahari bis zum Ngamisee. Auf einer weiteren Expedition (1851) erreichte er den Oberlauf des Sambesi. 1853–1856 durchreiste er Südafrika vom Sambesi bis Luanda und zurück bis Quelimane. Dabei entdeckte er die Victoriafälle des Sambesi (1855).
Im März 1858 begab er sich im Auftrag der britischen Regierung mit seinem Bruder Charles Livingstone wieder nach Quelimane und dem Gebiet des Sambesi. Er entdeckte den Malawisee und Schirwasee). Sein eigentliches Ziel, gegen den Sklavenhandel vorzugehen und die Eingeborenen für den Landbau und die Baumwollkultur zu gewinnen, erreichte Livingstone nicht. Er kehrte 1864 nach Großbritannien zurück.
Im Herbst 1865 begab sich Livingstone per Schiff auf eine neue Expedition und landete im Januar 1866 in Sansibar. Am 24. März 1866 begann er seine letzte Forschungsreise. Kurze Zeit darauf wurde das Gerücht verbreitet, er sei erschlagen worden, was aber nicht zutraf. Livingstone war zum Malawisee gegangen, überschritt den von den Portugiesen entdeckten Chambeshi, gelangte im April 1867 an das Südende des Tanganjikasees und erreichte im April 1868 den Moerosee. Im Mai 1868 kam er zum Cazembe und entdeckte am 18. Juli den Bangweolosee. Von dort gelangte er nach Ujiji am Tanganjikasee und erforschte das Manyemaland westlich davon, von wo er am 23. Oktober 1871 nach Ujiji zurückkehrte. Henry Morton Stanley, der zur Auffindung des seit 1869 als verschollen geglaubten Reisenden ausgesandt worden war, traf ihn dort krank an, sprach ihn mit den legendären Worten „Dr. Livingstone, I presume?“ an und befreite ihn aus seiner Not.

99 (4) In den *tropischen Regenwäldern* leben die meisten Tierarten. Dort gibt es die größte Pflanzenvielfalt. Es wird Holz geschlagen, Bodenschätze werden gewonnen.
99 (5) Individuelle Aufgabenlösung.
Lösungshinweis: Ananas, Bananen, Vanille, Mango, Zimt, Papaya, Kokosnuss, Ingwer, Curry, Pfeffer. *Begründung:* wohlschmeckende Früchte, notwendige Gewürze für die Zubereitung von Speisen.
99 (6) *Kakao:* Indonesien, Côte d'Ivoire (Elfenbeinküste), Ghana, Nigeria, Brasilien, Kamerun; *Kautschuk:* Thailand, Indonesien, Malaysia, Indien, China, Vietnam; *Bananen:* Costa Rica, Ecuador, Kolumbien, Philippinen, Kamerun, Guatemala Honduras, Brasilien, Panamá; *Öl von Kokos- und Ölpalmen:* Indonesien, Malaysia, Ghana, Philippinen, Thailand, Sri Lanka, Indien.
(→ DD, S. 142/①, 176/①, 194/195/①; DW, S. 103, 116/117, 151)
99 (7) *Gewürzinseln:* Molukken (Indonesien).
(→ DD, S. 146/147; DW, S. 138/139)
99 (8) Individuelle Aufgabenlösung.
Lösungshinweis (Auswahl): Banane, Ananas, Kokosnuss, Papaya, Mango, Feige, Maracuja.
(→ DD, S. 142/①, 176/①, 194/195/①; DW, S. 103, 116/117, 151)

99 (9) Individuelle Aufgabenlösung.

100 (1) Schritte zur Auswertung siehe Schülerbuch S. 73.
M2: Hannover-Langenhagen
1. Schritt:
- Station: Hannover-Langenhagen/Deutschland, 55 m ü. M.
- Lage: 52°28'N/9°41'O (Europa, zentraler Teil, Niedersachsen)

2. Schritt:
- Jahresmitteltemperatur: 9,2 °C, gemäßigte Zone
- wärmster Monat: Juli/August (ca. 18 °C), kältester Monat: Januar (ca. 2 °C), Unterschied: ca. 16 °C
- Verlauf der Temperaturkurve: zwischen ca. 2 °C und ca. 18 °C, relativ große Schwankungen

3. Schritt:
- Jahresniederschlag: 642 mm
- regenreichster Monat: Juni (ca. 70 mm), regenärmster Monat: Februar (ca. 18 mm), Unterschied: ca. 52 mm
- humide Monate: ganzjährig

4. Schritt:
- Wachstumszeit für Wild- und Kulturpflanzen: ganzjährig möglich, da Temperatur und Niederschlag als Bedingungen für das Wachstum der Pflanzen ausreichen

M3: Manaus
1. Schritt:
- Station: Manaus/Brasilien, 48 m ü. M.
- Lage: 3°8'S/60°1'W (Südamerika, am Amazonas)

2. Schritt:
- Jahresmitteltemperatur: 26,9 °C, tropische Zone
- wärmster Monat: September/Dezember (ca. 29 °C), kältester Monat: Januar (ca. 26 °C), Unterschied: ca. 3 °C
- Verlauf der Temperaturkurve: zwischen ca. 26 °C und ca. 29 °C, kaum Schwankungen

3. Schritt:
- Jahresniederschlag: 1 997 mm
- regenreichster Monat: März/April (ca. 270 mm), regenärmster Monat: August (ca. 38 mm), Unterschied: ca. 232 mm
- humide Monate: September–Juli, aride Monate: August

4. Schritt:
- Wachstumszeit für Wild- und Kulturpflanzen: ganzjährig möglich, da Temperatur und Niederschlag als Bedingungen für das Wachstum der Pflanzen ausreichen

100 (2a) Die hohen Niederschläge bei gleichzeitig hohen Temperaturen führen zu einer starken Verdunstung von Wasser an der Erdoberfläche (76 %). Die Verdunstung führt zur Wolkenbildung und durch die Abkühlung in der Atmosphäre zu erneutem Niederschlag.
100 (2b) Individuelle Aufgabenlösung.

100 (3) Hohe Temperaturen, hohe Niederschläge, Tageslänge 10,5–13,5 Stunden, keine Jahreszeiten, Tageszeitenklima.

101 (4) Sonnenaufgang gegen 6 Uhr, Nebel und Dunstschwaden, Verdunstung setzt ein, hohe Mittagstemperaturen, Wolkenbildung, Gewitter mit hohen Niederschlägen, Dampfschwaden, nur kurze Dämmerung gegen 18 Uhr.

101 (5) In der gemäßigten Zone ist das Klima durch die Jahreszeiten bestimmt. Im tropischen Regenwald gibt es keine Jahreszeiten. Die Temperaturunterschiede während eines Tages sind wesentlich größer als die im Verlauf eines Jahres.

103 (1) *„Grüne Hölle"*: z. B. lebensfeindlich, unerforscht, unheimlich, schwül, dunkel, feucht, unbekannte sowie z. T. giftige Tiere und Pflanzen. *„Grünes Paradies"*: z. B. artenreiche Fauna und Flora, viele noch unbekannte Pflanzen und Tiere, ständiges Wachstum, viele Lebensgemeinschaften (Biozönosen), Menschen (Ureinwohner) haben sich dem Ökosystem Regenwald angepasst.

103 (2) In *M8* wird der *Stockwerkbau* mit *drei „Hauptstockwerken"* dargestellt. Im *Untergeschoss* (bis ca. 25 m) befinden sich Sträucher, Kräuter und kleinere Baumarten wie Palisander und Ebenholz. Im *Zwischengeschoss* (ca. 25–50 m) befinden sich die Baumkronen von Teak und Balsa. Das *Obergeschoss* wird von den Baumkronen der Urwaldriesen (z. B. Mahagoni) mit einer Höhe von bis zu 70 m gebildet. Als Größenvergleich dient ein 22-stöckiges Hochhaus.

103 (3) Im Gegensatz zu den *tropischen Regenwäldern*, sind die *Wälder in Mitteleuropa* längst nicht so artenreich. Das bezieht sich auf die Baum- sowie auf die Säugetier- und Vogelarten. Die Höhe der Bäume in den Wäldern der gemäßigten Zone beträgt maximal 25–30 m bei Laubbäumen (z. B. Buchen) und bis zu 40 m bei Nadelbäumen (z. B. Lärchen).

103 (4) *Beispiele (Auswahl):* Lianen steigern die Lichtausbeute ihrer Blätter, indem sie ständig nach oben zum Licht wachsen; farbliche Anpassung von Tieren an ihre Umgebung zur Tarnung; aus Mangel einer Humusschicht haben viele Pflanzen Luftwurzeln ausgebildet; Brettwurzeln geben den Urwaldriesen Halt.

103 (5) Individuelle Aufgabenlösung.

103 (6) Individuelle Aufgabenlösung.

104 (1) *Vergleich der Nährstoffkreisläufe:* Im *Laubmischwald* werden im Boden die Nährstoffe in Humus gespeichert. Im *tropischen Regenwald* besteht ein geschlossener Nährstoffkreislauf. Hier ist die Humusschicht dünner als im Laubmischwald, was sich auf die Speicherung von Nährstoffen auswirkt. Die Nährstoffe im Boden des tropischen Regenwaldes werden durch ein dichtes Wurzelwerk aufgehalten und direkt wieder durch die Pflanzen aufgenommen.

104 (2) Die Nährstoffe, die der Baum zum Leben benötigt, befinden sich fast ausschließlich in der oberen Bodenschicht (Humusschicht).

104 (3) *Zusammenhang:* Je dichter die Vegetation auf einer Fläche ist, desto geringer sind die dort ablaufenden Erosionsprozesse.

105 (4) Die *Pygmäen* leben in einer *traditionellen Lebensweise* und sind mit den Pflanzen und Tieren des Waldes eng vertraut. Sie leben von der Jagd auf Antilopen, Schweine und Affen. Dafür nutzen sie ihre traditionellen Jagdwaffen wie einfache Speere. Außerdem sammeln sie Honig, wilde Beeren, Süßkartoffeln und gehen fischen. Ihre Hütten liegen mitten im Regenwald und bestehen aus Zweigen und Blättern.
105 (5) Durch die *Erschließung des tropischen Regenwaldes* müssen viele Pygmäen ihre traditionelle Lebensweise aufgeben. Oftmals bleibt ihnen nichts anderes übrig, als für geringen Lohn als Feldarbeiter, Lasten- oder Wasserträger zu arbeiten.
105 (6) Individuelle Aufgabenlösung.
Lösungshinweis: Denkbar sind Recherchen z.B. nach folgenden Völkern: Yanomami, Deni, Kichwa, Shuar, Sarawaks.

106 (1) Im Gegensatz zu den *Pygmäen* betreiben die *Bantu* Wanderfeldbau. Das bedeutet, dass zunächst Flächen für den Feldbau gerodet werden müssen. Hierzu werden kleine Bäume und Sträucher von Hand mit Macheten geschlagen. Wenn sie getrocknet sind, werden sie angezündet. Später werden auf diesen Flächen Pflanzungen angelegt. Wenn die Flächen nicht mehr genügend Erträge bringen, ziehen die Bantu weiter und legen neue Felder an.
106 (2) Im Primärwald werden Flächen gerodet, indem kleine Sträucher und Bäume von Hand mit Macheten geschlagen werden. Nachdem diese getrocknet sind, werden sie angezündet. Auf den so entstandenen Flächen werden Pflanzungen angelegt. Wenn die Nährstoffe so gering geworden sind, dass die Flächen nicht mehr genügend Erträge bringen, ziehen die Bauern weiter und legen nach dem gleichen Prinzip neue Pflanzungen an.
106 (3) Da die Nährstoffe durch Nutzung von Jahr zu Jahr abnehmen, sind die Böden nach einigen Jahren ausgelaugt. Deshalb müssen *neue Felder angelegt* werden.

107 (4) *Wanderfeldbau:* Es werden ständig neue Flächen gerodet, auf denen Feldbau betrieben wird. Nachdem die Flächen aufgegeben wurden, überlässt man sie wieder der Natur und es bildet sich Sekundärwald. Mit der Verlagerung der Felder werden auch die Siedlungen verlegt. *Landwechselwirtschaft:* Landwechselwirtschaft wird von festen Wohnsitzen aus betrieben und ist ein stationäres System. Ähnlich wie bei der Dreifelderwirtschaft hat man mehrere Flächen zur Verfügung, auf denen die Nutzung sich ständig ändert. Der Anbau von Mais, Maniok und Reis wechselt von Jahr zu Jahr. Nachdem die Felder drei Jahre lang genutzt wurden, können sie sich innerhalb von zwei Brache-Jahren wieder erholen. *Dauerwirtschaft:* Bei dieser Wirtschaftsform werden die Felder dauerhaft bewirtschaftet. Da sich der Boden nicht regenerieren kann, werden die Erträge von Jahr zu Jahr geringer.
107 (5) Da die Erträge von Jahr zu Jahr zurückgehen, müssen die Anbauflächen ständig vergrößert werden. Dadurch geht immer mehr Regenwald verloren.

108 (1) *Gebirge:* ① Atlas, ② Ahaggar, ③ Tibesti, ④ Hochland von Äthiopien; *Berg:* 5895m Kilimandscharo; *Gewässer, Meere:* a Niger, b Nil, c Suezkanal, d Kongo, e Sambesi, f Victoriasee, g Mittelmeer, h Rotes Meer, i Indischer Ozean, j Atlantischer

Ozean; *Inselgruppe:* 1 Kanarische Inseln; *Landschaften (von Nord nach Süd):* Sahara, Sahel, Namib; *Städte:* A. Algier, A.A. Addis Abeba, Ac. Accra, Ca. Casablanca, D. Dakar, J. Johannesburg, K. Kairo, Ka. Kapstadt, Kh. Khartum, Ki. Kinshasa, L. Lagos, Lu. Luanda, N. Nairobi, T. Tunis, Tr. Tripolis; *Staaten:* 1 Marokko, 2 Tunesien, 3 Algerien, 4 Libyen, 5 Ägypten, 6 Senegal, 7 Mali, 8 Niger, 9 Tschad, 10 Sudan, 11 Äthiopien, 12 Somalia, 13 Ghana, 14 Nigeria, 15 D.R. Kongo (Zaire), 16 Kenia, 17 Tansania, 18 Angola, 19 Sambia, 20 Madagaskar, 21 Namibia, 22 Südafrika.

108 (2) *Lanzarote:* spanische Insel der Kanaren; *Kalebasse:* bauchiges Gefäß aus der Frucht des Kalebassebaumes; *Albert Schweitzer:* Philosoph, Musiker, Arzt, gründete das Urwaldhospital in Lambarene (Gabun) z. B. zur Bekämpfung von Lepra; *Gnu:* Kuhantilope (ca. 1,60 m groß) mit weit ausladenden Hörern; *Elfenbein:* Zahnbein der Stoßzähne von Elefant, Walross und Flusspferd; *Buren:* Nachkommen der europäischen Einwanderer in Südafrika; *Dschibuti:* Staat in Ostafrika mit gleichnamiger Hauptstadt (Hafenstadt); *Hamada:* Felswüste mit eckigen Gesteinsbrocken; *Seychellen:* Staat im Indischen Ozean aus 115 Gebirgs- und Koralleninseln bestehend mit tropischem Klima sowie Vegetation; *Cabora Bassa:* 1968–1974 erbauter Staudamm am Sambesi (Mosambik); *Kral:* mit Dornengestrüpp umgebene Dörfer oder Viehgehege afrikanischer Nomaden; *Zebra:* schwarz-weiß gestreiftes Widtier, Herdentier; *Affenbrotbaum (auch Baobab):* kurzer und dickstämmiger Baum in den Savannen Afrikas (weiches Holz, gurkenförmige Früchte, in der Trockenzeit kahl); *Bantu:* Bezeichnung für rund 300 dunkelhäutige Stämme mit etwa 100 Millionen Menschen, meist Hackbauern; *Serengeti:* Savannenlandschaft in Tansania, Wildreservat; *Safari:* früher: Trägerkarawane in Ostafrika, heute: (Jagd-)ausflug bzw. Fotosafari (Tierbeobachtung) in Afrika; *Tuareg:* Berbervolk in der westlichen Sahara, Kamelnomaden; *Sansibar:* Insel im Indischen Ozean, zu Tansania gehörend, tropisches Klima und Vegetation; *Schott:* abflussloser Salzsumpf in Nordwestafrika; *Etoschapfanne:* salzverkrustete Steppe in Namibia, teilweise Wildreservat; *Tafelberg:* Berg mit tafelförmig abgeplattetem Gipfel (z. B. bei Kapstadt); *Krüger Nationalpark:* Naturschutzgebiet in Südafrika mit einer Fläche von ca. 20 000 km^2; *Livingstone:* englischer Afrikaforscher, entdeckte u. a. die Victoriafälle; *Pyramide:* auf quadratischer Grundfläche gebautes und nach oben spitz zulaufendes Grab (z. B. für ägyptische Pharaonen im Niltal); *Massai:* Hirtennomaden in Kenia und Tansania; *Giraffe:* etwa bis 6 m großes Tier in afrikanischen Savannen, Pflanzenfresser; *Hottentotten:* Volk im Süden und Südwesten Afrikas (Jäger, später Viehzüchter); *Nubien:* Steppen- und Wüstenlandschaft im Sudan und in Ägypten, etwa 500 000 km^2; *Grzimek:* deutscher Tierarzt, setzte sich u. a. für den Erhalt des Serengeti-Nationalparks ein; *Madeira:* portugiesische Vulkaninsel im Atlantischen Ozean; *Serir:* Kieswüste; *Kap der Guten Hoffnung:* etwa 600 m hohe Felsspitze des Kaplands in Südafrika; *Madagaskar:* Inselstaat im Indischen Ozean mit der Hauptstadt Antananarivo (ca. 1 650 km von Nordost–Südwest, rund 450 km von Ost–West).

(→ DD, S. 6/7/①, 26/27/①, 171/③, 180/181, 182/183; DW, S. 106/107, 108/109, 172/173/①)

109 (3) Individuelle Aufgabenlösung.

109 (4) *Staaten in M4 (von oben nach unten):* Nigeria, Namibia, Ägypten.

109 (5a–c) Individuelle Aufgabenlösungen.

111(1a) *Plantage:* Landwirtschaftlicher Betrieb, der sich auf die Erzeugung eines Produkts spezialisiert hat (Monokultur). Typische Produkte von Plantagen sind mehrjährige Pflanzen oder Dauerkulturen wie Kaffee, Baumwolle, Bananen, Palmöl, Kakao oder Tee.
111 (1b) Individuelle Aufgabenlösung.
111 (2) *Vorteile:* großflächiger Anbau, hohe Erträge, effektiver Maschineneinsatz, guter Absatz der Anbauprodukte auf dem Weltmarkt, Schaffung von Arbeitsplätzen; *Nachteile:* Auslaugung der Böden, Vermehrung von Schädlingen, verstärkte Düngung mit Mineralien, Zunahme von Pflanzenkrankheiten, vermehrter Einsatz von Schädlingsbekämpfungsmitteln.
111 (3) Individuelle Aufgabenlösung.
Lösungshinweis (Auswahl): Ecuador, Philippinen, Kolumbien, Costa Rica, Panamá, Honduras, Guatemala, Mexiko.
(→ DD, S. 142/①, 176/①, 194/195/①; DW, S. 103, 116/117, 151, 162/163/①, 163/③, 166/167)
111 (4) Die einzelnen Beträge können *M5* entnommen werden. Die höchsten Gewinne erzielen die Einzelhändler und Reifereien. Damit wird der höchste Gewinn nicht in den armen Erzeugerländern (meist Entwicklungsländer), sondern in den Importländern erzielt (z. B. USA, Japan, europäische Staaten).
111 (5) Individuelle Aufgabenlösung.

112 (1) Große Teile des Regenwaldes werden für die Anlage von Rinderfarmen gerodet bzw. abgebrannt (Weideland), Weideflächen werden ständig vergrößert, Rinderhaltung auf nährstoffarmen Böden ist unwirtschaftlich.
112 (2) Große Exporte von Fleisch in die USA und nach Europa bedeuten auch eine immer größere Vernichtung von Fläche an tropischem Regenwald.
112 (3) Individuelle Aufgabenlösung.
112 (4) Individuelle Aufgabenlösung.
112 (5) *Positiv:* höhere Einnahmen durch den Fleischexport, *negativ:* zunehmende Vernichtung tropischen Regenwaldes.
112 (6) *Gebirge:* ① Westliche Sierra Madre, ② Östliche Sierra Madre, ③ Anden, ④ Bergland von Guayana, ⑤ Brasilianisches Bergland; *Flüsse:* a Amazonas, b Paraná, c Uruguay, d Orinoco, e Rio Negro; *Ozeane, Meeresteile:* A Pazifischer Ozean, B Atlantischer Ozean, C Golf von Mexiko, D Karibisches Meer; *Insel/Inselgruppe/Halbinsel:* 1 Kuba, 2 Yucatán, 3 Jamaika, 4 Bahama-Inseln, 5 Puerto Rico, 6 Kleine Antillen, 7 Galápagos-Inseln, 8 Feuerland, 9 Falkland-Inseln; *Städte:* A. Asunción, B. Brasilia, B.A. Buenos Aires, Bo. Bogotá, C. Caracas, G. Georgetown, H. Havanna, L. Lima, L.P. La Paz, M. Montevideo, M.S. Mexiko-Stadt, Q. Quito, R.J. Rio de Janeiro, S. Santiago, S.P. São Paulo; *Staaten:* 1 Mexiko, 2 Guatemala, 3 Belize, 4 El Salvador, 5 Honduras, 6 Nicaragua, 7 Costa Rica, 8 Panamá, 9 Haiti, 10 Dominikanische Republik, 11 Kuba, 12 Jamaika, 13 Suriname, 14 Guyana, 15 Venezuela, 16 Kolumbien, 17 Ecuador, 18 Peru, 19 Brasilien, 20 Bolivien, 21 Paraguay, 22 Chile, 23 Uruguay, 24 Argentinien.

114 (1) Die *Bewohner des Regenwaldes* finden hier fast alles, was sie zum Leben benötigen. Zur *Versorgung* mit Nahrung sammeln sie Wurzeln, Baumfrüchte und Knollen. Außerdem jagen sie Wildschweine, Wildvögel und Krokodile. Gegen Erkrankungen sammeln sie Heilpflanzen. Ihre Unterkünfte bestehen aus einfachen Holzkonstruktionen und aus Blättern. Diese Materialien stammen ebenfalls aus dem Regenwald.
114 (2) Das Volk der *Suku Anak Dalam* lebte seit ewigen Zeiten im Dschungel von Sumatra. Ihre Lebensweise schädigte den Wald kaum. Sie bauten nie große Unterkünfte, da sie aufgrund ihrer Lebensweise häufig ihren Wohnplatz wechselten. Deshalb bestanden ihre Unterkünfte nur aus einfachen Konstruktionen.
114 (3) Individuelle Aufgabenlösung.

115 (4) *Veränderung des Lebens der Suku Anak Dalam:* Heute gibt es Schulen und Straßen. Die Suku Anak Dalam besitzen jetzt auch Geld. Sie verkaufen Früchte auf dem Markt, einige pflanzen Ölpalmen an. Für wenig Geld, das ihnen von Unternehmen angeboten wird, verlassen sie ihren angestammten Lebensraum.
115 (5) Der *Anbau von Ölpalmen* ist aufgrund der klimatischen Bedingungen (2000–2500 mm Niederschlag, Temperaturen um 30 °C) nur in einem schmalen Band beidseitig des Äquators möglich; *Anbauländer:* Gabun, Republik Kongo, D. R. Kongo, Brunei, Indonesien, Kolumbien, Brasilien.
(→ DD, S. 142/①, 176/①, 194/195/①; DW, S. 103, 117/⑤, 162/163/①, 162/163/①)
115 (6) Speiseöl (Margarine, Backfett, Schokolade); bei der Herstellung von Metallen, Kunststoffen, Gummi, Textilien, Farben, Papier, elektronischen Bauteilen; Biokraftstoff; Kosmetikartikel, Seife, Waschmittel.

116 (1a) In *beiden Ländern* hat die Produktion kontinuierlich zugenommen. Von etwa 200000 t in den 1960er-Jahren hat sich die Produktion auf etwa 16 Mio. t gesteigert (2006). Seit Ende der 1990er-Jahre ist die Produktion in Malaysia etwa gleich der in Indonesien.
116 (1b) Die Gründe liegen in der weltweit wachsenden Nachfrage nach Palmöl.
116 (2) Durch die ständige Erweiterung der Plantagen gehen große Teile des Primärwaldes verloren. Damit einher geht ein hoher Verlust von Biodiversität. Langfristig zerstören die Monokulturen das gesamte Ökosystem Regenwald. Monokulturen sind anfällig für die Ausbreitung von Schädlingen. Der Boden wird nur einseitig belastet und damit ausgelaugt. Wirtschaftlich unterliegt der Anbau bestimmten Risiken, denn der auf den Export orientierte Anbau ist im Falle einer Strukturkrise sehr anfällig.
116 (3a) Individuelle Aufgabenlösung.
Lösungshinweis (Auswahl): Indonesien, Malaysia, Kolumbien, Nigeria.
(→ DD, S. 142/①, 176/①, 194/195/①; DW, S. 103, 117/⑤, 162/163/①, 162/163/①)
116 (3b) Individuelle Aufgabenlösung.
Lösungshinweis: vgl. auch Aufgabe 115/6.

117 (4–6) Individuelle Aufgabenlösungen.
*Lösungshinweis:*Alternativ kann die Recherche der Satellitenbilder auch mit Google Earth erfolgen. Die Bildausschnitte zeigen eindrucksvoll das Ausmaß der Palmölplantagen.

118 (1) Individuelle Aufgabenlösung.
Lösungshinweis (Auswahl): Öl, Gold, Diamanten, Kupfer, Eisenerz, Mangan, Nickel, Bauxit.
(→ DD, S. 34/35/②; DW, S. 183/①, ②)
118 (2) Mit dem *Abbau von Bodenschätzen* sind oftmals erhebliche ökologische *Probleme* verbunden. Durch die Erschließung der Lagerstätten wird Regenwald zerstört. Renaturierungsmaßnahmen finden nicht statt. Wegen fehlender Umweltstandards wird Grundwasser mit Chemikalien verunreinigt.

119 (3) Die meisten Baumarten sind für eine gewerbliche Nutzung nicht geeignet bzw. werden von der Holzindustrie nicht nachgefragt. Auf einem Hektar wachsen meistens nur drei oder vier verwertbare Bäume. Diese müssen aufwendig gesucht werden. *Das Fällen und der Abtransport sind sehr schwierig*, zeit- und arbeitsaufwendig (z.B. morastiger Boden, Hitze, hohe Luftfeuchtigkeit). Teilweise müssen Schneisen zum Abtransport in den Wald geschlagen werden.
119 (4) Tropenwälder zeichnen sich durch Artenvielfalt aber Individuenarmut aus. Um z.B. einen Mahagonibaum fällen zu können, wird die übrige Vegetation in seiner Umgebung vernichtet. Zusätzlicher Wegebau (Schneisen) ist erforderlich. Die meist morastigen Böden im weiten Umkreis eines gefällten Baumes werden dauerhaft geschädigt.
119 (5) Große Flächen tropischen Regenwaldes auf der Welt sind zerstört (am wenigsten noch in Zentralafrika und Lateinamerika).
119 (6) Die meisten Länder in der tropischen Zone gehören zu den ärmeren Ländern auf der Welt (Entwicklungsländer). Holz ist für sie ein wichtiger Exportartikel, der Devisen einbringt.

121 (1) *Nachhaltige Forstwirtschaft* setzt sich für eine ökologische Nutzung der Wälder ein: Wälder werden wieder aufgeforstet; keine Abholzung von bisher unberührten Wäldern; Anwendung schonender Fällmethoden, bei denen die umstehenden Bäume nicht beschädigt werden; Holznutzung nur mit Zustimmung der örtlichen Bevölkerung und Behörden; Sicherheitsvorkehrungen für Waldarbeiter, keine Verschwendung von Holz.
121 (2a) Der Holzbedarf kann aus Edelholzplantagen gedeckt werden. Verbleibende unberührte Regenwälder bleiben erhalten.
121 (2b) Umweltbewusste Verbraucher können durch ihr Einkaufsverhalten ursprüngliche Wälder schützen. Anhand von Gütesiegeln kann man erkennen, ob Holz aus nachhaltiger Forstwirtschaft stammt.
121 (3) Stockwerkbau (einzelne Pflanzen können aus M5 zugeordnet werden), Schutz vor Regen und Sonne, Bereitstellung von Biomasse für die Rückführung in Pflanzennährstoffe, Erhaltung des Nährstoffkreislaufs, Reduzierung/Verhinderung von Erosion. Die Agroforstwirtschaft ist eine nachhaltige Nutzungsform.
121 (4) Beim *Mischanbau* werden unterschiedliche Pflanzen angebaut. Somit sind die Ansprüche an den Boden (Nährstoffhaushalt) auch ganz unterschiedlich. Schädlinge und Pflanzenkrankheiten können sich nicht so schnell ausbreiten und Ernteausfälle sind somit geringer.

121 (5) Bei der *Agroforstwirtschaft* soll der typische *Stockwerkbau des Regenwaldes* nachgeahmt werden. Dieser „Anbau unter Bäumen" soll verhindern, dass das ökologische Gleichgewicht zu stark gestört wird.

122 (1./1) Individuelle Aufgabenlösung.
122 (2./1) Abnahme der Artenvielfalt ⑨, starke Erosion ⑤, Rodung und Brandrodung ①, nur noch geringe Verdunstung und Wolkenbildung ③, Ausdehnung der Siedlungsfläche ⑦, starke Sonneneinstrahlung trocknet den Boden aus ②, weniger Niederschläge ④, schneller Abfluss des Wassers an der Oberfläche ⑥, intensive Nutzung des Bodens ⑧, geringe Humusbildung ⑩, Zerstörung der Bodenlebewesen ⑪.

123 (3./1) Urwaldriesen, z. B. Edelhölzer ①; abgestorbene Pflanzenreste ⑪; Bäume mit kleiner Krone ②; flaches Wurzelgeflecht ⑫; Palmen ③; Brettwurzeln ⑩; kleinwüchsiges Baum- und Buschwerk ⑤; Orchideen ④; Farne, Moose, Flechten, Kräuter ⑤; Luftwurzeln ⑧; Liane ⑥; Würger ⑦.
123 (4./1) Individuelle Aufgabenlösung.
Lösungshinweis: Bei der Beschreibung der Karikatur von Horst Haitzinger sollten die Schülerinnen und Schüler auf die Seiten 100–103 bzw. 118/119 hingewiesen werden. Hier stehen zentrale Aussagen über den Naturraum (z. B. Artenreichtum, Stockwerkbau, Klimawandel usw.).

125 (1) Individuelle Aufgabenlösung.
Lösungshinweis: Die ursprünglichen Regenwaldflächen gehen immer mehr zurück. Das erworbene Wissen aus dem Kapitel soll angewendet werden: Export und Nutzung von Palmöl, Folgen für die Regenwälder und deren Bewohner usw.
125 (2) Individuelle Aufgabenlösung.
125 (3) Individuelle Aufgabenlösung.

Naturereignisse und ihre Folgen

128 (1a) Tausende von Menschen unter Trümmern, versperrte Bergstraßen, trauernde und verzweifelte Menschen, viele Leichen und Verletzte.
128 (1b) Verschüttete mussten schnell geborgen werden, versperrte Zugangsstraßen, weite Fußmärsche, teilweise kein schweres Gerät vorhanden bzw. einsetzbar, kaum Identifizierungsmöglichkeiten.
128 (2) Viele tote Schüler, blutgetränkter Boden, unkenntliche Gesichter, Eltern identifizieren tote Kinder an Kleidungsstücken.
128 (3) Außergewöhnliche Erdbebenstärke; ungünstige Tageszeit (früher Nachmittag): deshalb viele Menschen in Schulen, Büros, Fabriken; keine erdbebensicheren Gebäude wegen des ungezügelten Baubooms.

129 (4) Explosionsartige Erschütterungen; Rauchsäule; Vulkanausbruch mit Lava, Gesteinsbrocken, Ascheregen und giftigen Schwefelgasen; Staubwolken; meterdicke Ascheablagerungen.

129 (5) Leben im Aschestaub, weißgraue „Aschewüste", verlassene Häuser, Verlust von Eigentum und Existenzgrundlage, Verlust der Heimat, Ansiedlungen in sicherer Entfernung, Bedrohung durch Schlammströme.
129 (6) Individuelle Aufgabenlösung.
Lösungshinweis: Vulkanausbruch – Verlust von Ackerland und Eigentum – kein Geld für den Neuaufbau – Rückgang der Agrarproduktion – auf staatliche und ausländische Hilfe angewiesen – zusätzliche Ernährung Hunderttausender – Problem Arbeitslosigkeit und Armut des Landes.
129 (7) Starke Regenfälle lassen Vulkanasche aufquellen und lösen Schlammlawinen aus, die alles zerstören.

130 (1) Durch Bohrkerne aus Tiefenbohrungen, Messung von Erdbebenwellen, Untersuchung der Stoffe im Vulkangestein.
130 (2) Tiefenbohrungen gehen maximal bis 9 km. Allein die Erdkruste ist bis zu 50 km dick. Bis zum Erdmittelpunkt sind es 6370 km.
130 (3) *Erdkruste* (kontinental bis 50 km dick, ozeanisch bis 15 km dick), *Erdmantel* (bis in 2900 km Tiefe; unterteilt in oberen und unteren Mantel; Stärke und Zustandsform siehe S. 130/M3), *Erdkern* (unterteilt in äußeren und inneren Kern; Stärke und Zustandsform siehe S. 130/M3).
Lösungshinweis: Vergleich mit einem Pfirsich: äußere Haut, Fleisch, Kern.
130 (4) *Lithosphäre (Gesteinshülle):* Die feste Erdkruste schwimmt auf dem oberen Erdmantel. Der obere Erdmantel besteht aus zähflüssigem Gesteinsbrei (Magma etwa 1100 °C heiß).

131 (5) Die Konvektionsströme der Gesteinsschmelze (Magma) *bewegen die Erdplatten*. Sie entstehen durch unterschiedlich hohe Temperaturen der Gesteinsschmelze und den dadurch hervorgerufenen Druck.
131 (6) Amerikanische (Amerika) Platte, Afrikanische (Afrika) Platte, Eurasische (Europa, Asien) Platte, Australische (Australien) Platte, Antarktische (Antarktis) Platte.
131 (7) *Platten driften voneinander weg*, z. B.: Afrikanische und Amerikanische Platte, Pazifische und Nazca-Platte; *Platten bewegen sich aufeinander zu*, z. B.: Pazifische und Eurasische Platte, Amerikanische und Cocos-Platte; *Platten gleiten aneinander vorbei*, z. B.: Amerikanische und Pazifische Platte (Bereich nördlich Kaliforniens).
131 (8) Individuelle Aufgabenlösung.
Lösungshinweis (Beispiel): Bei einer Geschwindigkeit von 4,1 cm pro Jahr werden beide Platten in 10000 Jahren 410 m auseinander gedriftet sein.
131 (9) Individuelle Aufgabenlösung.
Lösungshinweis: Das Färbemittel wird aufsteigen und an der Oberfläche auseinanderströmen (Vergleich mit Konvektionsströmen im Erdmantel).

132 (1) Ähnlichkeit der Küstenlinien Südamerikas und Afrikas; Verbreitung gleicher Pflanzen auf beiden Kontinenten; Strukturlinien der Gebirge mit gleichaltrigen Gesteinsschichten; gleiche Gesteine; Gletscherspuren zeigen in gleiche Richtung; Fossilienfunde mit gleichen Abdrücken von Tieren und Pflanzen, Verhaltensmuster der grünen Meeresschildkröte.

132 (2) *Vor 250 Millionen Jahren* waren alle Kontinente im Urkontinent Pangäa vereinigt. *Vor 160 Millionen Jahren* trennten sich Laurasia (Nordamerika und Eurasien) und Gondwana (Südamerika, Afrika, Indien, Australien, Antarktis). *Vor 100 Millionen Jahren* bewegen sich Südamerika, Afrika, Indien, Australien und Antarktis auseinander. Nordamerika trennte sich von Eurasien, bis die heutige Lage der Kontinente erreicht wurde. *In 40 Millionen Jahren* werden sich Nord- und Südamerika wieder getrennt haben, Indien wird unter Asien geschoben sein, Australien wird Landkontakt mit Asien haben, östliche Teile Afrikas werden sich vom Zentralkontinent abgetrennt haben, ein neuer Ozean wird zwischen Afrika und Arabien entstanden sein.

133 (3) Plattengrenzen stellen die großen Schwächezonen der Erdkruste dar. Hier treten häufig Erdbeben und Vulkanausbrüche auf, da in diesen Gebieten *Platten aufeinander zu driften* (Entstehung von Faltengebirgen). *Driften Platten voneinander weg*, erweitert sich der Meeresboden und untermeerische Gebirgsketten mit Vulkanen und Inseln entstehen (sea-floor-spreading).
Lösungshinweis: Wenn Platten aneinander vorbei gleiten, besteht dort ein Erdbebenrisiko (z. B. im Gebiet von Kalifornien).
133 (4) *Cotopaxi:* Nazca-Platte–Amerikanische Platte; *Popocatépetl:* Cocos-Platte–Amerikanische Platte; *Ätna:* Afrikanische Platte–Eurasische Platte; *Fujisan:* Eurasische Platte–Philippinen-Platte.
(→ DD, S. 122/123, 152/153, 200/201, 212/213; DW, S. 92/93/①, 132/133, 164/165)
133 (5) Individuelle Aufgabenlösung.
Lösungshinweis (Auswahl): Tiefseegräben: Alëutengraben, Atacamagraben, Philippinengraben; *Faltengebirge:* Anden, Himalaya, Rocky Mountains; *Vulkane:* Cotopaxi, Vesuv, Ätna, Heimaey, Popocatépetl.
(→ DD, S. 6/7/①, 8/9/①; DW, S. 172/173/①, 174/175/③)
133 (6) In der Afar-Senke in Ostafrika driften die Afrikanische und Arabische Platte auseinander. Ein neuer Ozean entsteht. Es entsteht ein Grabenbruch, der sich mit Magma füllt.
133 (7) Individuelle Aufgabenlösung.
Lösungshinweis: Tektonik ist die Lehre vom Bau der Lithosphäre und den Bewegungen der Erdplatten.

134 (1) Tief im Inneren der Erde werden Gesteine unter sehr hohen Temperaturen eingeschmolzen, es bildet sich Magma. Magma sammelt sich in einer Magmakammer. Unter hohem Druck sucht sich das Magma durch Schwächezonen, Spalten und Klüfte den Weg nach oben (Schlot). Gelangt das Magma an die Erdoberfläche, kommt es zu einer Explosion. Je nach den Bestandteilen des Magmas, werden Gase, Aschen, Staubpartikel ausgestoßen. Auch größere Gesteinsbrocken (Bomben) und kleinere Gesteinsbrocken (Lapilli) werden aus dem Schlot herausgeschleudert. Lavaströme fließen aus dem meist trichterförmigen und oft kreisrunden Krater. Es können sich im Laufe verschiedener Ausbrüche eines Vulkans aber auch Nebenschlote bilden, sodass es zu seitlichen Ausbrüchen kommen kann. Es bilden sich dann Seitenkrater, durch die Lava heraustritt. Lavaströme fließen den Vulkanhang hinunter und „begraben“ landwirtschaftliche Flächen, Straßen, Häuser, Siedlungen, kurzum, „alles, was

sich in den Weg stellt". Durch verschiedene Ausbrüche kommt es bei einem *Schichtvulkan* zu einer Wechsellagerung von Lava und Aschen.
134 (2) *Schichtvulkane* entstehen, wenn Aschen- und Lavaausbrüche aus einem oder mehreren dicht beieinander liegenden Kratern in einem ständigen Wechsel aufeinander folgen. Der Vulkan wächst geschichtet in die Höhe, meist in einer ausgeprägten Kegelform. Bei *Schildvulkanen* gibt es keine Schichtung und damit auch keinen ausgeprägten Wechsel zwischen Asche- und Lavaausbrüchen. Die Lava tritt aus dem Schlot aus und fließt als dünnflüssige Lava zu allen Seiten ab. Um den Krater herum bauen sich flache Lavahänge auf. Dennoch können auch Schildvulkane beträchtliche Höhen aufweisen.
134 (3) Individuelle Aufgabenlösung.
Lösungshinweis: Kohlensäure lässt das Wasser aus der Flasche sprudeln (Vergleich mit den Gasen in einem Vulkan).
134 (4) *Mount St. Helens:* Gebiet: in der Kaskadenkette im US-Bundesstaat Washington, Plattengrenze: Amerikanische Platte–Pazifische Platte (Juan-de-Fuca-Platte); *Pinatubo:* Gebiet: im Zentrum der Insel Luzon auf den Philippinen, Plattengrenze: Philippinen-Platte–Eurasische Platte; *Ätna:* Gebiet: auf der Insel Sizilien, Plattengrenze: Eurasische Platte–Afrikanische Platte.
(→ DD, S. 122/123, 146/147, 200/201; DW, S. 92/93/①, 138/139, 154/155)

135 (5) Ascheregen, Aschewolken und Lavaströme bedrohen Felder, Siedlungen und Menschen.
135 (6) Individuelle Aufgabenlösung.
Lösungshinweis: Er (der Ätna) nimmt Siedlungs- und Ackerland. Er gibt fruchtbare Ackerböden für die Landwirtschaft und somit eine Einkommens- sowie Ernährungsgrundlage für die Menschen.
135 (7) Lava und Asche enthalten wichtige Mineralien für das Wachstum von Pflanzen. Erkaltete Lava wird somit zu fruchtbaren Ackerböden. Diese werden vor allem zum Anbau von Wein und Zitrusfrüchten genutzt.
135 (8) Die Lavaflut soll mit Sprengungen und Zementblöcken aufgehalten und umgelenkt werden, sodass bewohntes Land *geschützt wird*.
135 (9) Individuelle Aufgabenlösung.
Lösungshinweis: Vorgänge beim Ausbruch eines Vulkans werden im Versuch deutlich gemacht.

136 (1) *Erdbeben* wirken äußerst zerstörerisch. Durch sie stürzen Gebäude ein, werden Einrichtungen der Verkehrsinfrastruktur wie Gleisanlagen und Straßen zerstört. Bei Erdbeben besteht eine akute Gefahr für die Gesundheit und das Leben der Menschen.
136 (2) Plattenbewegungen bewirken Spannungen in der Erdkruste. Verhakte Platten lösen sich ruckartig. Die Erde bebt.
136 (3) Durch die unterschiedliche Geschwindigkeit bei der Ausbreitung von *Druck- und Scherwellen* lässt sich die Entfernung zum Erdbebenherd messen. Druckwellen setzen sich gleichmäßig im Erdkörper fort. Bei Scherwellen wird der Körper wellenartig in Schwingungen versetzt.

136 (4) Die durch ein Erdbeben entstandenen Schwingungen werden durch einen *Seismographen* aufgezeichnet. Der maximale Ausschlag des Schreibers zeigt die Stärke des Bebens an.

137 (5) Individuelle Aufgabenlösung.
Lösungshinweis: Los Angeles liegt auf der Pazifischen Platte, San Francisco auf der Amerikanischen Platte. Die Platten verschieben sich in NW- und SO-Richtung gegeneinander, sodass in Millionen von Jahren Los Angeles und San Francisco sich gegenüber liegen werden.
137 (6) Die parallel angelegten Reihen der Apfelsinenbäume sind verschoben.
137 (7) *Gefahren:* einstürzende Häuser und Hochhäuser, beschädigte Straßen und eingestürzte Brücken, stecken gebliebene Fahrstühle und U-Bahnen, Brände durch geplatzte Gasleitungen, Stromausfall.

138 (1) Das *Transamerica-Building* ist erdbebensicher gebaut. Eine solche Bauweise schützt die Bewohner vor einstürzenden Bauteilen. Dagegen wurden die in *M2* dargestellten Gebäude in herkömmlicher Bauweise errichtet und sind zum größten Teil eingestürzt.
138 (2) Bauweise aus Beton und Stahl; feste Verankerung im Boden durch stabile Fundamente; Verlegung von Versorgungsleitungen in Schächten; Hängedecken; möglichst Schwingungsdämpfer (Federelemente) einbauen.
138 (3) Sehr geringe Vorwarnzeit, Aufzeichnung von Erdbeben weltweit mit hochempfindlichen Geräten, Satelliten beobachten kleinste Veränderungen, Veränderungen in der chemischen Zusammensetzung des Grundwassers, verändertes Verhalten der Tiere.

139 (4) Weil bisher nicht ganz genau vorausgesagt werden kann, wann und ob sich aufgestaute Spannungen in der Erde ruckartig entladen.
139 (5a) Stabile Pfeiler mit einbetonierten Stahlstäben und Stahlmanschetten, Stützpfeiler mit Stahlgeflecht für Hochhäuser, Dacheindeckungen mit leichten Materialien, Stützbalken und Querverstrebungen in Wänden, nachgebende Stützpfeiler, Federelemente für Fundamente und Zwischendecken.
139 (5b) Stahlstäbe, Stahlgeflechte und Stahlmanschetten halten Gebäude stabil. Nachgebende Stützpfeiler schwanken beim Erdbeben, halten das Gebäude aber senkrecht. Leichte Dachbedeckungen bei einem möglichen Einsturz von Dächern verhindern Verletzungen von Passanten oder den Tod von Menschen. Federelemente dämpfen die Stöße eines Erdbebens.
139 (6) Tiere (Kröten) verlassen z. B. ihren angestammten Lebensraum und „flüchten“. Sie spüren kommende Erdstöße.

141 (1) Individuelle Aufgabenlösung.
141 (M2) *Lösungen zum Beiblatt zum Video: waagerecht:* Lava, Schlot, Krater, Spalten; *waagerecht/Rückwärts:* Magma, Kruste, Ausbruch, Vulkan, Explosion, Lavastrom, Eruption; *senkrecht:* Schlamm, Glut; *senkrecht/rückwärts:* Lavabombe(n), Asche.

142 (1) Gefaltete Gesteinsschichten, zerklüftete Gebirgsketten, steile Hänge, scharfe Grate, tief eingeschnittene Täler, Schutthalden.
142 (2) Individuelle Aufgabenlösung.
Lösungshinweis: Die Indisch-Australische Platte driftet vor 70 Millionen Jahren auf die Eurasische Platte zu. Der dazwischen liegende Ozean verkleinerte sich. Vor 60 Millionen Jahren stießen beide Erdplatten aufeinander. Die Indisch-Australische Platte glitt unter die Eurasische Platte. Im Grenzbereich beider Platten falteten sich die oberen Gesteinsschichten und wurden nach oben gepresst. Es entstand ein Faltengebirge. Der Vorgang dauert bis heute an.
142 (3) Wasser, Eis und Wind zerkleinern das Gestein (Verwitterung). Das abgelöste Material wird durch Wasser, Eis und Wind in die Täler transportiert. Es besteht etwa ein Gleichgewicht zwischen Hebung und Abtragung.

143 (4a) Individuelle Aufgabenlösung.
143 (4b) Individuelle Aufgabenlösung.

144 (1) *Gebirge:* ① Ural, ② Kaukasus, ③ Himalaya; *8872m Berg:* Mount Everest; *Gewässer:* a Rotes Meer, b Euphrat, c Tigris, d Persischer Golf, e Ob, f Jenisej, g Lena, h Nordpolarmeer, i Kaspisches Meer, j Aralsee, k Baikalsee, l Amur, m Indus, n Ganges, o Brahmaputra, p Golf von Bengalen (Indischer Ozean), q Huang He, r Jangtsekiang, s Pazifischer Ozean; *Landschaften:* 1 Anatolien, 2 Sibirien, 3 Gobi, 4 Hochland von Tibet; *Städte:* A. Almaty (Alma-Ata), An. Ankara, B. Bangkok, Ba. Bagdad, Bo. (M.) Bombay (Mumbai), D. Damaskus, Dh. Dhaka, H. Hongkong, Ha. Hanoi, I. Istanbul, Ir. Irkutsk, J. Jakarta, Je. Jerusalem, K. Kanton, Ka. Kalkutta, Kb. Kabul, Kr. Karachi, Ma. Manila, Me. Mekka, N. Nowosibirsk, N.D. Neu-Delhi, P. Peking, Se. Seoul, Sh. Shanghai, T. Tokio, Te. Teheran, W. Wladiwostok; *Staaten:* 1 Türkei, 2 Syrien, 3 Libanon, 4 Israel, 5 Irak, 6 Saudi-Arabien, 7 Kuwait, 8 Iran, 9 Russland, 10 Kasachstan, 11 Afghanistan, 12 Pakistan, 13 Nepal, 14 Indien, 15 Sri Lanka, 16 Bangladesch, 17 Mongolei, 18 Thailand, 19 Vietnam, 20 Malaysia, 21 Singapur, 22 Indonesien, 23 China, 24 Nordkorea, 25 Südkorea (Republik Korea), 26 Japan, 27 Taiwan, 28 Philippinen.
144 (2a) Individuelle Aufgabenlösung.
Lösungshinweis (Auswahl): Tscheljabinsk, Omsk, Nowosibirsk, Krasnojarsk, Angarsk, Irkutsk, Ulan-Ude, Tschita, Chabarowsk, Wladiwostok; oder von Ulan-Ude über Ulan-Bator, Daton, Xuanhua nach Peking).
(→ DD, S. 132/①, 133/③, 136/137; DW, S. 120/121, 122/①, 134/135/①)
144 (2b) Ob, Jenisej, Lena.
(→ DD, S. 132/①, 136/137; DW, S. 120/121, 122/①)
144 (3) Gesucht ist das *Faltengebirge* Himalaya. Der Himalaya erstreckt sich in einem Bogen von Nordwesten nach Südosten nördlich des indischen Subkontinents. Anteil am Himalaya haben Pakistan, Indien, China und Nepal.
144 (4) *Route blau:* Istanbul–Ankara–Kaukasus–Kaspisches Meer–Aralsee–Almaty (Alma-Ata)–Hochland von Tibet–Dhaka–Thailand–Bangkok–Malaysia;
Route rot: Mekka–Saudi-Arabien–Persischer Golf–Iran–Kabul–China–Gobi–(Mongolei)–Irkutsk–Sibirien–Lena–Nordpolarmeer;

Route grün: Ural – Nowosibirsk – Jenisej – Baikalsee – Mongolei – China – Huang He – Jangtsekiang – Kanton – Hanoi – Vietnam – Singapur – Jakarta;
Route grau: Euphrat – Tigris – Teheran – Kasachstan – Mongolei – Peking – Wladiwostok – Nordkorea – Südkorea (Republik Korea) – Japan – Tokio.

147 (1) Eine 10 m hohe Wasserwand raste über die Küste und ihre Strandbereiche. Mit ungeheurer Zerstörungskraft wurde alles mitgerissen, was sich „ihr in den Weg stellte". Es entstand hoher Sachschaden. Die Flutwelle kostete etwa 300 000 Menschen das Leben.
147 (2) Individuelle Aufgabenlösung.
Lösungshinweis: Gebäude, Straßen, Grünanlagen, Brücken wurden durch die Flut zerstört. Die Küstenlinie wurde vollkommen verändert.
147 (3) *Banda Aceh:* 8.13 Uhr, *Phuket:* 9.08 Uhr, *Sri Lanka:* 9.58 Uhr, *Madras:* 10.13 Uhr, *Malediven:* 10.58 Uhr, *Seychellen:* 12.58 Uhr, *Mogadischu:* 13.58 Uhr.

148 (1) *Tsunamis entstehen* durch Seebeben (86 %); durch Vulkanausbrüche und Bergstürze, die plötzlich große Wassermassen verdrängen (14 %).
148 (2) *Entstehung* durch ruckartige Verschiebung zweier verhakter Erdplatten, wobei eine Erdplatte mit gewaltiger Wucht von unten gegen das Wasser schlug. Die Druckwellen schufen über dem Epizentrum einen kleinen Wasserberg (50 cm). Diese Welle *breitet sich* über dem tiefen Ozean mit einer Geschwindigkeit von etwa 1 000 km/h *aus*. In flachen Küstenbereichen bremst die Welle ab und türmt sich bis zu 30 m hoch auf.
148 (3) Beringmeer/Golf von Alaska (z. B. Küste Alaskas); Mittelmeer (z. B. Küste Griechenlands); Pazifik (z. B. Küste Chiles); Südostasien (z. B. Küste der Philippinen); Indik (z. B. Küste Javas).
148 (4) Individuelle Aufgabenlösung.

149 (5) Tsunami-Warndienst; Schutzdeiche; Schutzwald; Zufluchtstätten mit Trinkwasser, Lebensmitteln und Arznei; Training und Aufklärung der Bevölkerung.
149 (6) Erdbeben- und Pegelstationen mit automatischem Wellenmesser sind über den Ozean verteilt. Alle Daten werden über einen Satelliten ins Tsunami-Warncenter übertragen. Von dort werden weitere Maßnahmen ergriffen und gegebenenfalls die Bevölkerung vor einem Tsunami gewarnt.
149 (7a) *Japan:* 8 Stunden.
149 (7b) *USA:* 5 Stunden.

150 (1) Zerstörung der Deiche; Überflutungen in New Orleans; Häuser stehen bis zu den Dächern unter Wasser; Fahrzeuge wirbelten durch die Luft; zertrümmerte Häuser; Bevölkerung tagelang ohne Strom und Trinkwasser; Menschen starben, weitere wurden obdachlos.
150 (2) *US-Bundesstaaten:* Florida, Mississippi, Alabama, Texas, Georgia, South Carolina, North Carolina.

151 (3) Das Wasser der Ozeane im Bereich des Äquators ist relativ warm. Die starke Sonneneinstrahlung über dem warmen Meer lässt große Wassermassen verdunsten.

Feuchte und warme Luft steigt deshalb von der Meeresoberfläche in die Höhe. Die aufsteigende Luft beginnt sich spiralförmig zu drehen. In der Mitte dieses Luftwirbels befindet sich das „Auge" des Wirbelsturms. Hier ist es windstill. An den Rändern des Wirbels entwickeln sich große Windgeschwindigkeiten.
151 (4) Große Zerstörungskraft beim Auftreffen auf das Land; hohe Windgeschwindigkeiten; meterhohe Flutwellen; lang anhaltende Niederschläge; Folgen sind Zerstörungen, Tote und Verletzte.
151 (5) *Nordamerika:* USA; alle Staaten in der *Karibik*; fast alle Staaten *Mittelamerikas*; Staaten im Norden *Südamerikas* (z.B. Guyana, Venezuela, Kolumbien); Staaten im Südosten *Afrikas* und Insel *Madagaskar*; Staaten im Süden, Südosten und Osten *Asiens*; der Norden, Westen und Osten *Australiens*.
(→ DD, S. 26/27/①; DW, S. 194/195/①)

152 (1) Ein *effektives Vorwarnsystem* ist nötig, um rechtzeitig die Bevölkerung zu warnen, Schutzmaßnahmen einzuleiten (Aufsuchen von Schutzräumen, Herrichtung von Notunterkünften, Schutzmaßnahmen für das persönliche Eigentum) und notfalls zu evakuieren.
152 (2) *Übersetzung:* Als er in der Eingangshalle des Grand Hotels steht, mit seinem Koffer in der Hand und nach der Rechnung schaut, kommt ein Hurrikan und jeder versucht zu fliehen.
Es ist die Saison, die Jahreszeit, der Mann vom Wetterdienst aus Miami stellt klar: „Findet ein sicheres Versteck“, hier ist kein Platz.
Und dann wird es dunkler in der karibischen Stadt, und die Fischerboote, die von der Küste aus fahren, sind fest geleint und im Trockenen, ja ja ja.
Man kann sich nirgends verstecken während man auf den Hurrikan wartet, nein, nein, nein, nein.
152 (3) Deutliche und umfangreiche Ausschilderung von Evakuierungsrouten; Leitung des Verkehrs hin zu weniger bedrohten Routen; Schaffung von sicheren Notunterkünften; Errichtung von Schutzbauten; Sicherung von Dächern, Fenstern und ganzen Häusern.

154 (1) Witjas-Tief (-11 034 m), Tongagraben (-10 888 m), Philippinengraben (-10 540 m).
154 (2) *Inselgruppen im Pazifischen Ozean:* Kleine Sunda-Inseln (z.B. Timor), Marianen (z.B. Guam), Cook-Inseln (z.B. Rarotonga).
(→ DD, S. 184/185/①; DW, S. 138/139)

155 (3) *Gebirge:* ① Australisches Bergland, ② Rocky Mountains, ③ Anden; *Gewässer:* a Amur, b Huang He, c Jangtsekiang, d Mekong, e Indischer Ozean, f Pazifischer Ozean, g Panamákanal, h Titicacasee; *Insel/Inselgruppe:* 1 Sumatra, 2 Borneo, 3 Java, 4 Neuguinea, 5 Alëuten, 6 Hawaii-Inseln, 7 Galápagos-Inseln; *Städte:* B. Bangkok, Bo. Bogotá, H. Hongkong, Ha. Hanoi, J. Jakarta, K. Kanton, L. Lima, L.A. Los Angeles, M. Mexiko-Stadt, Ma. Manila, Me. Melbourne, P. Peking, Q. Quito, S. Sydney, Sa. Santiago, Se. Seoul, Sh. Shanghai, S.F. San Francisco, T. Tokio, V. Vancouver, W. Wladiwostok; *Staaten:* 1 Russland, 2 China, 3 Nordkorea, 4 Südkorea (Republik Korea), 5 Japan, 6 Taiwan, 7 Philippinen, 8 Thailand, 9 Vietnam, 10 Malaysia, 11 Singapur, 12 Indonesien, 13 Australien, 14 Neuseeland, 15 Kanada, 16 USA, 17 Mexiko, 18 Nicaragua, 19 Panamá, 20 Kolumbien, 21 Ecuador, 22 Peru, 23 Chile.

155 (4) *Inlandeis:* mächtige Eismasse, z. B. auf der Antarktis und auf Grönland; *Känguru:* Springbeuteltier, bis 70 km/h schnell, bis 13 m weite Sprünge; *Geysir:* heiße Springquelle, die in mehr oder weniger regelmäßigen Abständen Wasser ausstößt; *Tiefseegraben:* Nahtstelle zweier Erdplatten, bis zu 11 000 m tief; *Südsee:* umgangssprachliche Bezeichnung für den mittleren Teil des Pazifischen Ozeans mit den Inseln Ozeaniens; *Eukalyptus:* Baum mit immergrünen Blättern, Myrthengewächs, hartes Holz; *Datumsgrenze:* Linie auf dem 180. Längengrad, beim Überqueren in östliche Richtung wird der Wochentag zweimal gezählt, beim Überqueren in westliche Richtung wird ein Wochentag überschlagen; *Kokospalme:* tropische Nutzpflanze, bis 30 m hoch, getrockente Früchte (Kopra) sind Rohstoffe für Margarineherstellung, liefert außerdem Fasern; *Tasmanien:* Insel im Süden Australiens; *Papua:* Ureinwohner Neuguineas (dunkelhäutige Melanesier); *Treibeisgrenze:* Linie, bis zu der Treibeis aus den Polargebieten äquatorwärts vordringen kann; *Archipel:* allgemeiner Begriff für eine Inselgruppe im Weltmeer; *Kiwi:* Laufvogel in Neuseeland (nicht gemeint ist die auch als chinesische Stachelbeere bezeichnete Frucht); *Pelikan:* bis zu 10 kg schwerer Wasservogel; *Murray:* australischer Fluss; *Polynesien:* Inselgruppe im Pazifischen Ozean, Klima und Vegetation tropisch; *Scott*, Robert (1868–1912): Südpolarforscher, kam in der Antarktis ums Leben; *Südpol:* Schnittpunkt aller Längengrade mit der Erdachse in 90° südlicher Breite; *Guano:* Ausscheidung von Seevögeln, wird als Dünger verwendet; *Molukken:* indonesische Inselgruppe, Klima und Vegetation tropisch, Gewürzanbau; *Krill:* in Schwärmen auftretendes tierisches Plankton; *Formosa:* von Portugiesen entdeckte „schöne Insel“, Taiwan; *Samoa:* Inselgruppe im südlichen Pazifischen Ozean (Polynesien); *Schelfeis:* Inlandeis, schiebt sich auf das Meer hinaus, beim Abbrechen bilden sich Eisberge; *Honolulu:* Hauptstadt des US-Bundesstaates Hawaii; *Bikini-Atoll:* Teil der Marshall-Inseln, bis 1958 hier Atombombenversuche der USA; *Uluru* (auch Ayers Rock)*:* großer Inselberg aus Sandstein in der zentralaustralischen Wüste (Northern Territory); *Koala:* Beutelbär Australiens, wohnt auf Bäumen, ernährt sich von Eukalyptus; *Pearl Harbour:* Marinehafen und Meeresbucht auf Oahu (Hawaii-Inseln); *Fujisan:* Vulkan in Japan, 3 776 m hoch, westlich von Yokohama, heiliger Berg; *Mikronesien:* Staat und Inselgruppe im Pazifischen Ozean, aus Vulkanen und Atollen bestehend; *Korallen:* Hohltiere, die in tropischen Meeren Riffe bilden; *Celébes* (auch Sulawesi): eine der großen Sunda-Inseln (Indonesien), Klima und Vegetation tropisch; *Brunei:* Sultanat auf Nordwestborneo, Klima und Vegetation tropisch; *Großes Barrierriff* (Great Barrier Reef)*:* 1 900 m langes Korallenriff vor der Nordostküste Australiens.
(→ DD, S. 6/7/①, 141/④, 146/147, 152/153, 184/185/①; DW, S. 132/133, 138/139, 146/147/①, 172/173/①)

156 (1) Starkregenfälle: 312 l/m² in 24 Stunden, wobei 100 l/m² im Monat normal sind.

156 (2) Überflutung vieler Städte und Dörfer; Zerstörung von Häusern und Hausrat, Straßen- und Bahnverbindungen; Verletzte und Opfer unter der Bevölkerung; große Sachschäden.

157 (3)

Datum	Stadt	höchster Pegelstand (m)
17.08.2002	Dresden	9,44
18.08.2002	Mühlberg	9,96
18.08.2002	Torgau	8,52
18.08.2002	Wittenberg	7,08
18.08.2002	Dessau	7,16
20.08.2002	Magdeburg	6,72

157 (4) Sachsen, Sachsen-Anhalt.
(→ DD, S. 64/①; DW, S. 58/④)
157 (5) Individuelle Aufgabenlösung.
*Lösungshinweis (Auswahl):*Sachschäden, Überschwemmungen, Verletzte, Tote.

158 (1) Die *Menschen* begradigten die Flüsse, befestigten die Ufer, versiegelten die Böden, entwässerten die Felder, beseitigten die Flussauen und Nebenarme, schufen eine Kanalisation.
158 (2) Durch die Beseitigung der natürlichen Überflutungsflächen ergießen sich die Wassermassen direkt das Flussbett hinunter. Durch die Flussbegradigung kann die Hochwasserwelle schnell und ungebremst in die Gebiete des Unterlaufs der Flüsse gelangen. Durch die Bodenversiegelung versickert das Regenwasser nicht mehr im Boden, sondern wird direkt über die Kanalisation in die Gewässer geleitet.
158 (3) Versiegelte Flächen, Ödland.

159 (4a) Anlage von Talsperren, Baum- und Pflanzenbewuchs in Flussnähe, Schaffung und Erhalt naturbelassener Flussauen, Errichtung künstlicher Polder, Bau von Deichen und Dämmen, Maßnahmen gegen Bodenversiegelung, Maßnahmen zur Verringerung der Fließgeschwindigkeit.
159 (4b) Talsperren dienen als Rückhaltebecken. Starker Baum- und Pflanzenwuchs in Flussnähe speichert das Regenwasser. Naturbelassene Flussauen verteilen das Wasser. Künstliche Polder dienen als Wasserspeicher. Deiche und Dämme schützen Ortschaften. Durch Maßnahmen gegen die Bodenversiegelung kann das Regenwasser wieder in den Boden versickern. Wenn die Fließgeschwindigkeit des Wassers verringert wird, kann die Flutwelle nicht so schnell flussabwärts fließen.

160 (1./1) Individuelle zeichnerische Aufgabenlösung.
Erdplatten: A Amerikanische Platte (nördlicher Teil), B Karibische Platte, C Amerikanische Platte (südlicher Teil), D Nazca-Platte, E Cocos-Platte, F Pazifische Platte, G Antarktische Platte, H Afrikanische Platte, I Eurasische Platte, J Arabische Platte, K Philippinen-Platte, L Indisch-Australische Platte.

160 (2./1) *Silbenrätsel:* 1. Erdmantel, 2. Richterskala, 3. Deichbrüche, 4. Plattengrenze, 5. Lavastrom, 6. Ascheschicht, 7. Taifun, 8. Tiefseegraben, 9. Erdbeben, 10. Nebenkrater. *Lösungswort:* Erdplatten.
160 (3.) Individuelle Aufgabenlösung.
Lösungshinweis: Die Platten verhaken sich und beim Weiterschieben (kleiner Ruck) fallen einige Häuser um. Je nach Konstruktion, Höhe und Grundriss der einzelnen Häuser ergeben sich unterschiedliche Ergebnisse.

161 (4./1) Individuelle zeichnerische Aufgabenlösung.
Lösungshinweis (Auswahl): Natur: starke Niederschläge, plötzlich eintretende Schneeschmelze; *Mensch:* Bodenversiegelung, Flussbegradigung, Bau von Deichen, wirtschaftliche Nutzung der Flussauen, Beseitigung von natürlichen Überflutungsgebieten; *Folgen:* Überflutung von Häusern, Verschmutzung der Landschaft, Verlust von Ackerland, Zerstörung von Verkehrswegen, Kurzschlüsse und Brände, Lebensgefahr durch Flutwellen.
161 (5./1) ① Magma/Magmakammer, ② Ascheschicht, ③ Lavaschicht (rötlich), ④ Schlot, ⑤ Krater, ⑥ Gas, Rauch, Staub; ⑦ Gesteinsbrocken, ⑧ Asche, ⑨ Seitenkrater, ⑩ Lavastrom.
161 (6./a–c) a) Magma, b) Epizentrum, c) Seismograph, d) Auge.

162 (1.–3.) Individuelles Rollenspiel.
Lösungshinweis: Das Projekt ist auf den Ausbau von Kommunikations- und Beurteilungskompetenzen ausgerichtet.

Wasser – begehrtes Lebensmittel und wichtiger Rohstoff

167 (1a) Anders als bei uns in Europa erfolgt die *Trinkwasserversorgung* in Indien und Kambodscha meist über Brunnen. Das benötigte Trinkwasser muss oftmals über längere Strecken zu den Familien transportiert werden. Hierzu werden größtenteils von Hand Trinkwasserbrunnen angelegt. Der Transport erfolgt in einfachen Gefäßen und deckt lediglich jeweils den Bedarf für einen Tag. Das Trinkwasser wird meistens von Frauen herangeschafft.
167 (1b) In den meisten Fällen sind Verbraucher in *Deutschland* an ein Trinkwassernetz angeschlossen.
167 (2) Einschnitte bei der Ernährung, mangelhafte Hygiene, Folgen: Erkrankungen und Mangel- sowie Unterernährung.
167 (3) Individuelle Aufgabenlösung.
Lösungshinweis: Die Aussage begründet sich über die vielfältigen Funktionen des Wassers in M4.
167 (4) Die Verteilung unterstreicht den sogenannten Nord-Süd-Konflikt. Besonders Nord- und Südafrika sind vom Wassermangel betroffen. Weiterhin der Westen und Süden der USA, Australien sowie der Westen und Südwesten Asiens.

167 (5) Individuelle Aufgabenlösung.
Lösungshinweis (Auswahl): Wassermangel: Marokko, Algerien, Libyen, Ägypten, Irak, Iran, Saudi-Arabien, Mali, Niger, Tschad, Sudan, Oman, Jemen, Pakistan, Afghanistan, Australien, Argentinien, Südafrika, Namibia, Botsuana; *Wasserüberschuss:* Norwegen, Schweden, Finnland, Estland, Lettland, Polen, Ukraine, Russland, Neuseeland, Indonesien, Sri Lanka, Madagaskar, Kuba, Dominikanische Republik, Island, Großbritannien, Deutschland, Frankreich, Österreich, Schweiz.
(→ DD, S. 26/27/①; DW, S. 194/195/④)
167 (6) Individuelle Aufgabenlösung.

168 (1) Das gesamte *Wasservorkommen auf der Erde* wird auf 1,4 Mrd. km^3 geschätzt. Allerdings sind nur 2,6 % des verfügbaren Wassers Süßwasser (Trinkwasser). Der Rest besteht aus dem Salzwasser der Meere. Von diesen 2,6 % sind allerdings nur 0,6 % für den Menschen verfügbar, der Rest befindet sich im Grundwasser oder in gefrorenem Zustand in den Polkappen und als Gletschereis. Von diesen 0,6 % sind 92 % im Boden (Bodenfeuchte) und in Süßwasserseen gebunden.
168 (2) *Der Wasserkreislauf besteht aus drei Phasen*: Verdunstung, Kondensation und Niederschlag. Durch die Strahlung der Sonne verdunsten täglich Millionen Tonnen Wasser aus den Ozeanen, Seen und Flüssen. Diesem verdunsteten Wasser wird noch Wasserdampf, den die Pflanzen freisetzen, hinzugefügt. Ein durchschnittlich starker Baum verdunstet jährlich zwischen 15 000 l und 20 000 l. Der Wasserdampf steigt in der Luft auf. Sobald die Lufttemperatur unter den Sättigungspunkt sinkt, kondensiert der Wasserdampf und bildet Wolken. Sind die Wolken gefüllt, so bilden sich Tropfen, und es fällt Niederschlag. Der Niederschlag wird als Grundwasser gespeichert oder von den Pflanzen aufgenommen. Die Menge, die vom Boden und den Pflanzen nicht aufgenommen werden kann, fließt in Teiche, Seen, Flüsse und schließlich in die Ozeane. Danach wiederholt sich der Wasserkreislauf.
168 (3a) Der *globale Wasserverbrauch* ist seit 1900 kontinuierlich gestiegen. Eine besondere Zunahme ist ab 1950 zu beobachten. Am stärksten stieg der Verbrauch in der Landwirtschaft. Hier wird der Wasserverbrauch bis zum Jahr 2025 (Prognose) auf mehr als das sechsfache ansteigen.
168 (3b) *Gründe:* ständig wachsende Weltbevölkerung, erhöhte landwirtschaftliche Produktion, weitere Industrialisierung, gesteigerte Hygieneansprüche.
168 (4) Der durchschnittliche *Wasserverbrauch* pro Kopf und Tag *in Deutschland* beträgt etwa 145 l. Der größte Teil davon, ca. 90 l, werden für Duschen und Baden sowie die Toilettenspülung benötigt. Der Anteil an reinem Trinkwasser (Trinken und Kochen) ist mit 3 l relativ gering. Sehr viel Wasser wird auch für Wäsche waschen sowie zum Putzen und Auto waschen verwendet.
168 (5) Mit zunehmender Zeit nimmt der absolute Wasserverbrauch ab. Das könnte mit der fortgeschrittenen Uhrzeit zusammenhängen (abends, viele Menschen gehen zu Bett). Auffallend sind die Verbrauchsausschläge während der Pausen eines Fußballspiels, die z. B. durch Toilettengänge begründet werden können.
168 (6) Individuelle Aufgabenlösung.

168 (7a) Individuelle Aufgabenlösung.
Lösungshinweis: Hier sind unterschiedliche Argumentationen möglich. Wichtig ist, dass bei den Schülerinnen und Schülern eigene Denkprozesse dokumentiert werden.
168 (7b) *Maßnahmen (Beispiele):* sparsamer Umgang mit Wasser (z. B. beim Spülen), Wasseraufbereitung in Autowaschanlagen, in Trockenperioden keine Gartenbewässerung, „Duschen statt Baden".

171 (1) Steppen, Halbwüsten, Wüsten.
Lösungshinweis: Ohne Bewässerung ist nur eine extensive Weidewirtschaft möglich.
171 (2) Individuelle Aufgabenlösung.
Lösungshinweis: Jerusalem: Niederschläge Januar–Dezember (mm): 137, 135, 98, 44, 2, 0, 0, 0, 0, 31, 62, 133. *Temperatur Januar–Dezember (°C):* 8,3; 9,2; 11,6; 15,5; 19,2; 21,9; 22,9; 23,1; 21,8; 19,5; 14,8; 10,1. *Jahresniederschlag:* 642 mm, *Jahresdurchschnittstemperatur:* 16,5 °C.
171 (3) *Auswahl:* 1949 Beginn des Gegensatzes zwischen Israel und seinen Nachbarstaaten (Trockenlegung von Sümpfen durch Israel an der syrischen Grenze); 1967 „Sechstagekrieg" (Besetzung der Golanhöhen durch Israel, Zerstörung eines im Bau befindlichen Staudamms am Jarmuk durch Israel); 1973 Jom-Kippur-Krieg (Nutzung von vier Fünftel der Wasservorräte im Westjordanland durch Israel), 1982 Besetzung des Südlibanon durch Israel (Kontrolle des Flusses Litani), ab 2004 weitere Zuspitzung der politischen Gegensätze.
171 (4a) Das *Tote Meer* leidet seit Jahrzehnten an akutem Wassermangel. Durch Entnahme von Wasser aus den Flüssen, die ins Tote Meer münden, sinkt der Wasserspiegel des Meeres rasant (nach einer Prognose bis zum Jahr 2020 um etwa 38 m).
171 (4b) *Risiken* sind vor allem die Veränderung der Böden und des dortigen Lebens im Golf von Akaba, die Veränderung der chemischen Zusammensetzung des Wassers im Toten Meer und die Gefahr von Erdbeben, die den Kanal teilweise zerstören könnten. In einem solchen Fall würde Salzwasser das Grundwasser verseuchen.

173 (1) *Unter dem Negev* liegen rund 40 000 Jahre alte Wasservorräte, die etwa in einem Zeitraum von 600 Jahren genutzt werden könnten. Die *Bedeutung* der Wasservorkommen liegt insbesondere darin, dass sie eindeutig auf israelischem Staatsgebiet liegen und es deshalb keinen Streit mit den Nachbarstaaten um die Zugriffsrechte gibt.
173 (2) Anlage von Olivenbäumen in Plantagen wurde möglich. Außerdem sind die *Wasservorräte* zur Fischzucht gut geeignet.
173 (3) Individuelle Aufgabenlösung.
Lösungshinweis: Die klimatischen Verhältnisse lassen in allen Staaten des Nahen Ostens ganz überwiegend nur dort Landwirtschaft zu, wo bewässert werden kann. Die Ausdehnung landwirtschaftlicher Nutzfläche ist immer an die Anlage von Bewässerungssystemen gebunden.
173 (4) Individuelle Aufgabenlösung.
Lösungshinweis: Überstauung: Felder mit Dämmen umgeben (Reis, Zuckerrohr), Gefahr der Versauerung und Versalzung; *Stauberieselung:* wie bei Überstauung, aber mit ständigem Zu- und Abfluss, um eine Bodenversauerung und -versalzung zu ver-

hindern; *Furchenberieselung:* Regelung der Wassermenge durch Öffnen und Schließen der Entwässerungsgräben; *Beregnung:* mit bis zu 100 m „Wurfweite“; *Tropfbewässerung:* mit Löchern versehene Schläuche oder Rohre führen Wasser tröpfchenweise der Landwirtschaftsfläche zu.

174 (1) Der *Aralsee* ist ein Salzsee in Asien. Er liegt innerhalb der Aral-Kaspi-Senke in einem Becken, dem Tiefland von Turan. Er gehört jeweils etwa zur Hälfte zu Kasachstan und Usbekistan.
(→ DD, S. 160/161; DW, S. 118/119)
174 (2) Aufgrund des kontinentalen Klimas herrschen Halbwüsten- und Wüstenklimate vor.
174 (3a) Individuelle zeichnerische Aufgabenlösung.
174 (3b) *1960:* ca. 68 000 km^2, *2005:* ca. 18 000 km^2.
174 (3c) Die *Fläche* des Aralsees hat sich im Zeitraum 1960–2005 um etwa 75 % *verringert*.
174 (4) Sehr große Flächen sind mittlerweile verlandet. Schiffe liegen auf dem Trockenen. Fischer können nicht mehr ihrer Tätigkeit nachgehen.
174 (5) Der *Aralsee* wird über die beiden Hauptzuflüsse (Amudarja, Syrdarja) mit *Wasser* gespeist, deren Zuflussmengen etwa seit 1960 zurückgegangen sind.
174 (6) Um die Baumwollplantagen zu bewässern, werden die beiden Hauptzuflüsse angezapft. So wird das Wasser für den Baumwollanbau genutzt und kann nicht mehr den Aralsee mit Wasser versorgen

176 (1) Südlich des Aralsees in Usbekistan und östlich des Sees in Kasachstan werden in großem Umfang Reis und Baumwolle angebaut.
176 (2) Die Anbauflächen befinden sich jeweils entlang der beiden Zuflüsse Amudarja und Syrdarja.
176 (3) Es fällt in der Region relativ wenig Niederschlag. Daher muss bewässert werden. Für Baumwolle ist das Klima im Zusammenhang mit Bewässerung optimal, da die Pflanzen während der Reife einen „trockenen Kopf“ behalten. Für die Region sind die Folgen allerdings sehr negativ (Bodenversalzung, Verlandung).
176 (4) Individuelle Aufgabenlösung.
176 (5) Individuelle zeichnerische Aufgabenlösung.
176 (6) Individuelle Aufgabenlösung.
Lösungshinweis: Die Behauptung ist absolut zutreffend. Der Aralsee hat nur Zuflüsse und keinen Abfluss. Durch die hohen Temperaturen im Sommer kommt es zu einer hohen Verdunstung und somit zur Ablagerung von Salzen.

177 (7) Individuelle Aufgabenlösung.
177 (8) Individuelle Aufgabenlösung.
Lösungshinweis: Empfohlen wird die Internetseite *www.aralsee.org*.

178 (1) Das *Projekt „Drei-Schluchten-Staudamm“* am Jangtse umfasst eine Betonmauer, ein Schleusentor, ein Wasserkraftwerk und eine ständige schiffbare Schleuse sowie ein Schiffshebewerk. Die Bauwerke des Projektes bestehen aus dem Staudamm, dem Maschinenhaus des Wasserkraftwerks und den schiffbaren Gebäuden. Die Staumauer ist 2309 m lang und 185 m hoch. Links vom Wasserkraftwerk wird ein Generatorenaggregat mit je einer Kapazität von 700000 kWh errichtet. Die gesamte installierte Leistung wird 18,2 Mio. kWh und die jährliche Stromerzeugung 84,7 Mrd. kWh erreichen.

178 (2) Der *Drei-Schluchten-Staudamm* staut den Jangtsekiang (Yangtse) in China (*gesamtes Projekt:* Provinz Hubei zwischen den Städten Yichang und Chongqing; *Stausee, über 600 km lang:* im Bereich der drei Schluchten Qutang, Wuxia und Xiling). Die Staumauer ist 185 m hoch, 2309 m lang und 300 m stark. *Zum Vergleich (Beispiele):* Luftlinie Hannover–Berlin ca. 250 km, Hannover–Aachen ca. 300 km, Hannover–Hamburg ca. 140 km, Hannover–München ca. 490 km, Kiel–München ca. 700 km, Görlitz–Aachen ca. 600 km.

178 (3) *Gründe:* Stromerzeugung, Hochwasserschutz.

178 (4)

Nutzen	Probleme
– Schutz vor Überschwemmungen – Energieversorgung (höhere Kapazität) – Schaffung von Arbeitsplätzen – bessere Schiffbarkeit auf dem Yangtse	– viele Menschen verlieren ihre Heimat – Umweltschäden – geologische Risiken – verschlechterte Lebensbedingungen für die Anwohner (z.B. beim Trinkwasser)

178 (5) Individuelle Aufgabenlösung.

178 (6) Individuelle Aufgabenlösung.

Lösungen zum Arbeitsheft

Verkehr – seine Ursachen und Folgen

2 (1) Die *Brücke* verläuft über den *Fehmarnbelt* zwischen den Städten Puttgarden und Rødby Havn. Die Brücke verbindet somit die Inseln Fehmarn und Lolland.

2 (2)

Vorteile	Nachteile
– kürzere Fahrzeit für die Strecke Hamburg–Kopenhagen – Verkürzung der Strecke um 160 km – langfristig steigende Einnahmen in den Bereichen Handel und Tourismus	– finanzielle Einbußen im Tourismus auf der Ferieninsel Fehmarn während der Bauzeit – Behinderung von Zugvogelschwärmen durch das Bauwerk – Gefährdung eines Schutzgebietes für Schweinswale

2 (3) Individuelle Aufgabenlösung.
Lösungshinweis: Unter der Internetadresse stehen umfangreiche Informationen zum Projekt zur Verfügung.

3 (1) Der *Elbtunnel* ist ein Autobahntunnel in Hamburg. Zwischen den Stadtteilen Othmarschen und Waltershof wird mithilfe des Tunnels die Elbe unterquert. Der Tunnel ist ein Teil der Bundesautobahn A7. Der Elbtunnel ist ein „Nadelöhr in Norddeutschland". Er verbindet nicht nur zwei Hamburger Stadtteile miteinander. Wenn man auf der Autobahn A7 nach Dänemark oder weiter nach Skandinavien fährt, muss man den Elbtunnel passieren. So durchqueren täglich bis zu 150 000 Fahrzeuge den Tunnel.
3 (2) Individuelle Aufgabenlösung.

4 (1) Die Bundesautobahn A20 führt von Lübeck über das Hinterland der Ostseeküste Mecklenburg-Vorpommerns bis zum Autobahndreieck Kreuz Uckermark an der A11, wo sie dann in die B166 in Richtung Schwedt/Oder übergeht.
Durch den Bau dieser Autobahn wird die Verkehrsinfrastruktur verbessert. So wird der Ostseeraum und das Land Mecklenburg-Vorpommern noch effektiver an das deutsche (besonders in Ost-West-Richtung) und das europäische Verkehrsnetz angebunden. Dadurch erhalten auch Wirtschaft und Tourismus im Land Mecklenburg-Vorpommern weitere Entwicklungsimpulse.
4 (2) *Für:* Stärkung von Wirtschaft und Tourismus in Ostdeutschland (besonders in Mecklenburg-Vorpommern) und Osteuropa; Schaffung von Arbeitsplätzen; *gegen:* ökologische Bedenken (z. B. „Hindernis" für Wild und Kröten).
4 (3) Bau von Wildbrücken und Krötentunneln; Bepflanzungen; auf biologischer Basis arbeitende Auffangbecken für Oberflächenwasser.

5 (1) Individuelle Aufgabenlösung.

5 (2) Die *Brennstoffzelle* besitzt eine Anode und eine Kathode, welche durch einen elektrolytischen Ionenleiter voneinander getrennt sind. An der Anode wird als Brennstoff Wasserstoff eingeleitet. Der Wasserstoff zerfällt in H^+-Protonen und weiter in Elektronen (-). Beide fließen auf getrennten Wegen zur Kathodenseite. Die Elektronen fließen dabei als nutzbarer Strom durch den Verbraucher. Durch Sauerstoffeinleitung reagieren die H^+-Protonen zu Wasserdampf, der als „Abgas" entweicht.

5 (3) Vorteile: effiziente Stromerzeugung, Wasser als Abfallstoff, es entsteht kein Kohlendioxid Nachteil: man benötigt Strom zur Gewinnung von Wasserstoff.

5 (4) *Biotreibstoffe* können aus der gesamten Pflanze und sogar aus Abfallprodukten wie Klärschlamm gewonnen werden. Es sind keine besonderen Tankanlagen notwendig. Keine Nutzung von nicht erneuerbarer Energie wie Erdöl. Biotreibstoffe tragen zur positiven Klimabilanz bei, da es sich bei ihnen um nachwachsende Rohstoffe handelt.

Tourismus

6 (1) *Nord- und Mittelamerika: Stadt, kulturelle Sehenswürdigkeit:* New York, Washington, San Francisco, Las Vegas, Orlando, Mexiko-Stadt, Acapulco; *Badeurlaub:* Orlando, San Diego, mittlere Ostküste der USA (Virginia Beach), Süden der Halbinsel Niederkalifornien (La Paz), Bahamas, Kuba, Karibische Inseln, Yucatán, Acapulco; *Wintersport:* Lake Louise, nordöstlich der Großen Seen (Gebiet um Ottawa), Lake Placid, Aspen; *Rundreise, Safari, Trekking:* Gebiet um Mount McKinley, Rocky Mountains, Yosemite(-Nationalpark), Appalachen, Hochland von Mexiko, Yucatán; *Nationalpark, Naturdenkmal:* Mount McKinley, Jasper, Banff, Mount St. Helens, Yellowstone(-Nationalpark), Squaw Valley, Niagarafälle, Yosemite(-Nationalpark), Death Valley, Grand Canyon, Great Smoky, Everglades.

Südamerika: Stadt, kulturelle Sehenswürdigkeit: Cuzco/Machu Picchu, São Paulo, Rio de Janeiro, Buenos Aires; *Badeurlaub:* nördlich Südamerika vorgelagerte Inseln, Guayaquil, Salvador, Rio de Janeiro, Vina del Mar/Valparaiso, Küstenabschnitt bei Montevideo, Mar del Plata, Bariloche; *Rundreise, Safari, Trekking:* nördlicher Bereich der Anden (um Quito), Amazonas, Indianerkulturen (Peru), mittlerer Bereich der Anden (nördlich Antofagasta), südlicher Bereich der Anden (um Bariloche); *Nationalpark, Naturdenkmal:* Torres del Paine/Los Glaciares.

Europa: Stadt, kulturelle Sehenswürdigkeit: Stockholm, St. Petersburg, Moskau, Prag, Berlin, London, Paris, Wien, Lissabon, Madrid, Rom, Istanbul; *Badeurlaub:* Balearen; *Wintersport:* südliches Norwegen (im Gebiet des Hardangervidda), Pyrenäen, Alpen, Hohe Tatra, Zentralmassiv; *Rundreise:* Island.

Afrika: Stadt, kulturelle Sehenswürdigkeit: Marrakech, Kairo; *Badeurlaub:* am Roten Meer, Rabat, Agadir, Kanarische Inseln, Kap Verde, Swakopmund, Kapstadt, Port Elizabeth, Durban, Réunion, Mauritius, Mal Tal, Seychellen, Aldabra-Atoll, Mombasa, Al-Gurdaqa, Alexandria, Djerba; *Rundreise, Safari, Trekking:* Marokko, Amboseli und Tsavo(-Nationalpark), Namibia, Südafrika, Nil; *Nationalpark, Naturdenkmal:* Kenia (um den Mount Kenia), Kilimandscharo, Serengeti(-Nationalpark), Victoria-Fälle, Etoscha-Pfanne, Okawangodelta, Namib-Naukluff(-Nationalpark), Krüger(-Nationalpark).

Asien: Stadt, kulturelle Sehenswürdigkeit: Shanghai, Jerusalem, Dubai, Bombay (Mumbai), Tadsch Mahal, Singapur, Bangkok, Steinerner Wald, Hongkong, Terrakotta-Armee, Peking, Große Mauer, Tokio; *Badeurlaub:* Nordküste Taiwans, östlicher Bereich des Mittelmeers (Libanon), Qom, Malediven, Sri Lanka, Kap Comorin, Goa, Phuket, Bali, südlich von Bangkok (Gebiet um Pattaya), Guam, im Süden der japanischen Inseln Honshu und Kyushu, chinesische Küste am Gelben Meer; *Wintersport:* Nagano, Sapporo; *Rundreise, Safari, Trekking:* Halbinsel Kleinasien (Türkei; Taurus, Östlicher Taurus), Syrien, Jordanien, Iran (Zagrosgebirge), Hadramaut, Indien, Sri Lanka, Himalaya, Jangtsekiang-Flussfahrt, Japan, Seidenstraße.
Australien: Städte, kulturelle Sehenswürdigkeiten: Sydney; *Badeurlaub:* Shark Bay, Küstenbereich um Sydney, Gold Coast, Caims; *Wintersport:* Australische Alpen, Neuseeländische Alpen; *Rundreise, Safari, Trekking:* Outback, Neuseeland; *Nationalpark, Naturdenkmal:* Uluru (Ayers Rock), Blue Mountains, Großes Barriereriff, Kakadu, Tongariro.

7 (1) *Positive Auswirkungen:* Einnahmen durch Touristen jährlich etwa 3,5 Mill. Euro, höchstes Pro-Kopf Einkommen Spaniens, hohes Wirtschaftswachstum, Arbeitslosenquote unter dem spanischen Durchschnitt; *negative Auswirkungen:* Zunahme der Kriminalität, Verkehrsproblem, Wassermangel, Müllproblem, Belastung der Umwelt, in der mallorquinischen Bevölkerung große Unterschiede zwischen Arm und Reich, extreme Zunahme der Bebauung in den Küstenorten und Strandbereichen.
7 (2) Großer Landschaftsverbrauch (Vernichtung von Wäldern, Heiden, Macchie), Bau von Appartements und Häusern für Zweitwohnungen, ansteigender Wasserverbrauch (Golfplätze), Veränderungen an den Küsten durch Anlage von Marinas.
7 (3) *Beide Tourismusarten* beanspruchen die natürlichen Ressourcen der Insel überproportional und führen deshalb zu aufwendigen und teuren Ver- sowie Entsorgungsmaßnahmen auf der Insel.

8 (1a) *Fallschirmspringen:* Absprung aus mehreren hundert Meter Höhe – Ausbildung in Flugschulen – Wettkämpfe im Ziel- und Figurenspringen; *Bungee Jumping:* Sprung an einem elastischen Seil von Kränen, Staumauern, Brücken oder Türmen ab 50 m Höhe – ohne Ausbildung; *Paragliding:* Flug mit einem Fallschirm, der eine elliptische Tragfläche von 20–30 m² besitzt – Ausbildung in Flugschulen – Mindestalter 16 Jahre; *Tiefseetauchen:* Tauchen mit Sauerstoffflaschen in tiefen Gewässern – Ausbildung in Tauchschulen; *River Rafting:* Befahren von Wildwassern (Gebirgsflüssen) mit großen Schlauchbooten – Sicherheitshinweise für die Gruppe vor Antritt der Fahrt – Sicherheitsstandard: Helm, Schwimmweste, Neoprenanzug; *Mountainbiking:* Rad fahren im gebirgigen Gelände mit Spezialfahrrädern – keine Ausbildung – olympische Sportart; *Canyoning:* Klettern, Laufen und Schwimmen in einem Gebirgsfluss – Sicherheitsstandard: Helm und Neoprenanzug; *Survival Training:* mehrtägiger Aufenthalt in abgelegenen Gegenden ohne Hilfsmittel und Nahrung – nur nach vorheriger Anleitung mit einem Guide möglich; *Free Climbing:* Klettern ohne technische Hilfsmittel – Sicherung durch Seil und Partner – Ausübung auch in Hallen.
8 (1b) Individuelle Aufgabenlösung.
8 (1c) Individuelle Aufgabenlösung.

8 (2) Individuelle Aufgabenlösung.
Lösungshinweis (Beispiele): Snowbiken, Skispringen, Eissegeln, Kite-Surfen, Sandboarding, Marathon.
8 (3) „Alternative" zu Alltagsbeschäftigungen, körperliche Herausforderung, „ultimativer Kick", Abenteuerlust, Risikobereitschaft.
8 (4) Individuelle Aufgabenlösung.

9 (1) *Erlebniswelten* als Oberbegriff einer Vielzahl von Themenwelten und Shopping-Centern, Freizeit- und Vergnügungsparks im inner- sowie außerstädtischen Bereich.
9 (2a) Individuelle Aufgabenlösung.
9 (2b) Individuelle Aufgabenlösung.
9 (3) Kontrast zur Alltagswelt (Besucher vergessen vorübergehend ihre privaten und beruflichen Belastungen und Sorgen.) – Fantasie- und Traumwelt als Kontrast zur Realität – Entspannungsmöglichkeiten.
9 (4) Negativ im Sinne des Landschaftsschutzes, da mit Freizeitparks auch ein großer Landschaftsverbrauch, ein enormes Verkehrsaufkommen (Umweltbelastung) sowie eine Beeinträchtigung der heimischen Siedlungsgestaltung verbunden ist.

Klima- und Vegetationszonen

10 (1) *Waagerecht:* 4 Energiepflanze, 7 Raps, 9 Taiga, 11 Agrobusiness, 12 Pol, 13 Polarzone, 14 Äquator, 16 Mais, 18 Klimadiagramm, 19 GrüneRevolution, 20 GreatPlains; *senkrecht:* 1 Vegetation, 2 Reis, 3 Wetter, 5 Silage, 6 Wachstumszeit, 8 Feedlot, 10 Tropen, 15 CashCrops, 17 Biogas.

11 (1) Individuelle Aufgabenlösung.
11 (2) *Nachwachsende Rohstoffe* sind *land- und forstwirtschaftlich erzeugte Produkte*, deren *Verwendung im Nichtnahrungsbereich* erfolgt. *Industriepflanzen* sind *Rohstoffe für die Industrie*, die *nicht als Nahrung* dienen. *Energiepflanzen* werden als *Energieträger für Wärme- und Stromgewinnung* eingesetzt.
11 (3) *Einsatz von Rohstoffen insgesamt:* Erdöl 134,75 Mio. t; Erdgas 66,15 Mio. t; Kohle 24,5 Mio. t; nachwachsende Rohstoffe 19,6 Mio. t. *Verbrauch an nachwachsenden Rohstoffen:* natürliche Fette und Öle 8 Mio. t; Pflanzenextrakte 5 Mio. t; Holzbestandteile 3,8 Mio. t; Kohlenhydrate 3 Mio. t; Proteine 0,2 Mio. t.
11 (4) 8 % (ca. 20 Mio. t) des gesamten Rohstoffeinsatzes der chemischen Industrie stammen aus nachwachsenden Rohstoffen.
Bedeutung: natürliche Fette und Öle: Pflanzenfette in Nahrungsmitteln (Pommes frites, Mayonnaise); Rapsöl für Hydraulikflüssigkeiten, Schmierstoffe, Sägekettenöl; pflanzliche Öle und Fette für Seifen, Waschmittel und Geschirrspülmittel; Kosmetika und Hygieneartikel wie Shampoo, Schaumbäder, Duschbäder oder Puder; Grundlage von Cremes und Salben; Herstellung von Kunststoffen. *Pflanzenextrakte und Proteine:* Heilpflanzen als Grundlage für Medikamente, Salben, Tees; Traubenzucker als Ausgangsstoff mithilfe von Bakterien zur Herstellung von Vitamin C (Ascorbinsäure), Grippetabletten, Lebensmittelzusatzstoffe. *Holzbestandteile:* Extrakte für Harze, Gerbstof-

fe, Fette und Wachse; Herstellung von Folien, Textilfasern; Cellulose für Zellstoff und Papier. *Kohlenhydrate (Zucker):* für Waschmittel; als Bakterienfutter zur Gewinnung von Medikamenten; zur Stärkeherstellung (Nahrungsmittel, Tapetenkleister, Papierherstellung, kompostierbare Verpackungen und Pflanzentöpfe).

11 (5) *Faserpflanzen:* Flachs, Baumwolle, Jute, Hanf, Sisal; *Verwendung nachwachsender Rohstoffe:* Arzneimittel, Treibstoff, Hydrauliköl, Kunststoff, Ölfarben, Waschmittel, Lacke, Brennstoff, Kosmetika, Kautschuk; *Holz als Rohstoff- und Energielieferant:* Spanplatten, Papier, Bauholz, Brennholz, Brennstoff, Möbel, Zellstoff.

12 (1) *Begriffe in der entsprechenden Reihenfolge:* Family Farm – persönliche Unabhängigkeit – Krise – Großbetriebe – nicht mehr – Produktionsmethoden – vergrößern – intensivieren – spezialisieren – Agrarmarkt – ein Drittel – Agrobusiness.

12 (2) *Linke Kästen von oben nach unten:* sinkende Marktpreise – Rationalisierung und Spezialisierung – Investition in Maschinen, weniger Arbeitskräfte – Verschuldung und/oder Entlassung; *rechte Kästen von unten nach oben:* Betriebsaufgabe vieler Farmer – Konzentration in der Landwirtschaft – mehr kapitalkräftige Großbetriebe.

13 (1) *No. 1:* Sonnenblumen, *No. 2:* Mais, *No. 3:* Raps.

13 (2)

Pflanze	Herkunft	Merkmale	Anbau	Nutzung
Sonnenblumen	Amerika; in Europa zunächst als Zierpflanze	einjähriger Korbblütler (bis 5 m hoch), mächtiger Blütenstand mit Einzelblüten, dreht sich mit der Sonne	nährstoffreiche Böden, gute Wasserversorgung, warme und sonnige Standorte	Pflanzenöl, technische Ölsäure in der chemischen Industrie
Mais	Region zwischen Peru und Mexiko	ca. 2 m hohes Süßgras, deren Blütenstand ein Kolben ist; C4-Pflanze	geringer Bodenanspruch, durch Züchtung Anbau auch in kälteren Regionen möglich; Aussaat in Reihen	Winterfutter für Rinder, Kraftfuttermischungen, Speisestärke, Cornflakes, Gemüse, Popcorn; Rohstoff für Farben, Linoleum, Seife; für Biogasanlagen
Raps	Europa; kultiviert im Mittelalter	leuchtend gelb blühende bis zu 2 m hohe Pflanze, aus Blüten entstehen Schoten mit Samen	Lehmböden, tief wurzelnd	Speiseöl, Margarine, Biodiesel, Schmierstoffe

14 (1–5) Individuelle Aufgabenlösung.

Ökosystem tropischer Regenwald

15 (1) *Begriffe in der Reihenfolge ihrer Verwendung:* Blätterdach – Sonnenstrahl – Baumstämme – Pflanzenblüte – Boden – Paranüsse – zwanzig bis vierzig Meter – Lianengewirr – Höhe – Sonne – Schönheit – Lebenskampf – Tropenregen – Regenwasser – Treibhaushitze.
15 (2a) *Kongo:* Demokratische Republik (D. R.) Kongo (früher: Zaire), Kongo; 0° (Äquator); *Amazonas:* Brasilien, Kolumbien, Peru; 0° (Äquator).
15 (2b) Individuelle Aufgabenlösung.

16 (1) *Begriffe von oben nach unten: tropischer Regenwald:* 50–60 m, Stockwerkbau; dicht bewachsen; geringe Nährstoffmenge; Nährstoffe vorwiegend in den Pflanzen; Wurzeltiefe gering. *Sommergrüner Laubwald:* 30 m; Hochwald und Unterholz; große Nährstoffmenge; Nährstoffe vorwiegend im Boden; tiefe Wurzeln.
16 (2) *Begriffe in der Reihenfolge ihre Verwendung:* Stockwerken – Strauchschicht – untere Baumschicht – mittleren Baumschicht – obere Baumschicht – Urwaldriesen – Brettwurzeln.

17 (1) *Begriffe in der Reihenfolge ihrer Verwendung:* Brasilien – Regenwaldbäume – Eisen und Aluminium – Regenwaldbäume – Fabriken – Regenwaldflüsse – Regenwald – Stauseen – Heimat – USA und nach Europa – Autos – Schokolade und Jogurtdeckel.
17 (2) *Von oben nach unten/von links nach rechts:* Strombedarf – Kraftwerksbau – Staudämme – Überschwemmung des Regenwaldes – Fabriken zur Weiterverarbeitung der Rohmetalle – Abholzung der Wälder – Verbrennung von Holz – giftige Abfallstoffe – giftige Regenwaldflüsse.

18 (1) *Im Uhrzeigersinn, bei 12 Uhr beginnend:* Laub, Äste und Früchte fallen herab – Nährstoffe werden gelöst – Pflanzenreste werden zersetzt – Humus entsteht – Wurzeln nehmen Nährstoffe auf – Pflanzen wachsen üppig.
18 (2) *Lösungswort:* Erosion.

Naturereignisse und ihre Folgen

19 (1) *Westküste Nordamerikas* (Plattengrenze: Pazifische Platte – Amerikanische Platte), *Westküste Südamerikas* (Plattengrenze: Nazca-Platte – Amerikanische Platte), *Nordostasien* (Plattengrenze: Eurasische Platte – Pazifische Platte), *Südostasien* (Plattengrenzen: Pazifische Platte – Indisch-Australische Platte; Indisch-Australische Platte – Pazifische Platte, Pazifische Platte – Philippinen-Platte).
19 (2) 1 Heimaey (Island), 2 Surtsey (Island), 3 Pico de Teide (Teneriffa/Spanien), 4 Vesuv (Italien), 5 Ätna (Italien), 6 Santorin (Griechenland), 7 Kamerunberg (Kamerun), 8 Virunga-Vulkane (Ostafrika), 9 Kilimandscharo (Tansania), 10 Krakatau (Indonesien), 11 Pinatubo (Philippinen), 12 Fujisan (Japan), 13 Mount St. Helens (USA), 14 Popocatépétl (Mexiko), 15 Nevado del Ruiz (Kolumbien), 16 Cotopaxi (Ecuador), 17 Mont Pelée (Martinique).

Drei Vulkane ergänzen: Individuelle Aufgabenlösung.
(→ DD, S. 8/9/①; DW, S. 174/175/③)
19 (3) *Gesuchte Begriffe von oben nach unten:* Gas, Kegel, Schlote, Lavastrom, Nebenkrater, Schichtvulkan. *Auswurfprodukt des Vulkans:* Asche.

20 (1a) Ein *Erdbeben dauert normalerweise* nur wenige Sekunden. Das längste jemals aufgezeichnete Erdbeben hatte eine Dauer von sieben Minuten.
20 (1b) *Erschütterungen der Erdkruste* werden mit dem Seismographen *aufgezeichnet*.
20 (1c) Die *Stärke von Erdbeben gibt man* meist mit der Richterskala *an*. Der höchste bisher gemessene Wert beträgt 8,9 auf der Richterskala.
20 (1d) Individuelle Aufgabenlösung.
Lösungshinweis (Beispiele): Personenschäden durch Erdbeben: Tote, Verletzte; *Sachschäden durch Erdbeben:* Straßen zerbersten, Brücken stürzen ein, Autos werden von Betonteilen zerquetscht, Großbrände wegen zerborstener Gasleitungen.

21 (1) *Erster Teil der Aufgabe:* Individuelle zeichnerische Aufgabenlösung.
Zweiter Teil: Beleg 1: Die Gebirge gleichen Alters, Strukturlinien und Bruchlinien der südamerikanischen Ostküste setzen sich an der afrikanischen Westküste fort. *Beleg 2:* Auf beiden Kontinenten findet man übereinstimmende Gesteinsarten, die über 2 Mrd. Jahre alt sind. *Beleg 3:* Verbreitung verwandter Pflanzen sowohl in Afrika als auch in Südamerika. *Beleg 4:* Nachweis von gleichen Fossilien sowohl in Afrika als auch in Südamerika. *Beleg 5:* Übereinstimmende Gletscherspuren aus dem Erdaltertum auf beiden Kontinenten sind zu finden.
21 (2) *Beschriftung im Uhrzeigersinn, oben links beginnend (linke Abbildung):* Nordamerika, Eurasien, Afrika, Südamerika. *Beschriftung im Uhrzeigersinn, oben links beginnend (rechte Abbildung):* Nordamerika, Eurasien, Afrika, Südamerika.
21 (3) *Linke Abbildung:* Vor 160 Mio. Jahren; *rechte Abbildung:* heute.

22 (1) *Von oben nach unten:* Erdplatten, die sich aufeinander zu bewegen; Erdplatten, die aneinander vorbei schrammen; Erdplatten, die sich voneinander weg bewegen.
22 (2) *Erdplatten, die sich aufeinander zu bewegen:* Die ozeanische Platte und die kontinentale Platte stoßen aufeinander. Dabei schiebt sich die ozeanische Platte unter die kontinentale Platte. Ein Tiefseegraben entsteht. Beim Abtauchen der Erdplatte bauen sich Spannungen auf. Es entstehen Erdbebenherde. Durch aufsteigendes Magma bilden sich Vulkane. *Erdplatten, die aneinander vorbei schrammen:* Wenn Erdplatten aneinander entlang gleiten, können sie sich verhaken. Es kommt zu Spannungen, die sich von Zeit zu Zeit ruckartig als Erdbeben entladen. *Erdplatten, die sich voneinander weg bewegen:* Aufgrund der Konvektionsströme bewegen sich zwei Erdplatten auseinander. So entsteht eine riesige Erdspalte, z. B. am Mittelozeanischen Rücken. Diese Erdspalte wird ständig mit aufsteigendem Magma gefüllt. Neuer Meeresboden entsteht und damit neues ozeanisches Gestein.

23 (1) *Oberer Teil im Verlauf der Pfeile von oben nach unten:* Flussbegradigungen – Verlust der Flussauen – Verkürzung der Lauflänge – Abflussbeschleunigung; *unterer*

Teil in beliebiger Reihenfolge: Flächenversiegelung – Schneeschmelze – Entwässerung der Felder – Rodung der Waldbestände.
23 (2) Die Flüsse wurden begradigt, sodass die Wassermassen nun in einem wesentlich schmaleren und begradigten Bett fließen müssen. Die Flussauen, die natürlichen Auslaufflächen der Flüsse, wurden vielerorts zu Acker und Bauland umgewandelt. Zum Schutz der Siedlungen baute man Deiche direkt ans Ufer der Flüsse. Durch die starke Versiegelung des Bodens fließt das Wasser in die Kanalisation ab, von wo es direkt in die Flüsse und Bäche geleitet wird. Gräben zur Entwässerung der Felder beschleunigen den Regenwassertransport in die Flüsse. Da viele Waldflächen gerodet wurden, kann der Waldboden das Regenwasser nicht mehr speichern und zurückhalten. Die Flusspegel steigen schneller an.
23 (3) *A* Schützen Orte vor Überflutung. *B* Lässt man bei Hochwasser volllaufen. Das Wasser wird zurückgehalten. *C* Dienen bei Hochwasser als Rückhaltebecken. *D* Lässt das Regenwasser im Boden versickern. Es wird nicht auf dem schnellsten Weg in den Fluss geleitet. *E* Verteilen das Hochwasser. *F* Durch viele Flussschleifen wird das Hochwasser bei Fluten verteilt. *G* Lässt das Regenwasser wieder versickern.

24 (1) *Zeichnung a):* Durch ein Erdbeben am Meeresgrund (Seebeben) hebt sich der Meeresboden. Dadurch wird an der Meeresoberfläche ein kleiner Wasserberg erzeugt. *Zeichnung b):* Von diesem Zentrum aus rast dieser Wasserberg in alle Richtungen, demzufolge auch auf die Küste zu. *Zeichnung c):* In flachen Küstenbereichen schieben sich die Wassermassen zusammen und türmen sich zu riesigen Wellenbergen auf. Sie überfluten den Küstenraum.
24 (2) *Japanisches Küstenschutzsystem:* Vorgelagert ist ein betonierter Wellenbrecher; zwischen Wellenbrecher und Schutzdeich wurde Gesteinsmaterial hoch aufgeschüttet; Deich mit einem Schutzwald bepflanzt; Vor- und Rückseite des Deichs an beiden Küstenbereichen gleich. *Deich an der deutschen Nordseeküste:* kleine Aufschüttung (Steine) vor dem Schutzdeich; Schutzdeich mit Gras bewachsen; Deichquerschnitt breiter; Deichvorderseite mit flacherem Anstieg, Rückseite steiler. *Erklärung japanisches Küstenschutzsystem:* Der Wellenbrecher soll verhindern, dass die Tsunamiwelle sich allmählich auftürmt, sie soll vorher gebrochen werden. Deich und Schutzwald sollen die Zerstörungskraft mindern. *Erklärung zur deutschen Nordseeküste:* Bei Sturmflut an der Nordseeküste können die Wellen sich am Deich „totlaufen". Die Höhe und Breite schützt vor der Wucht der Wellen.
24 (3) *Kennzeichen:* plötzlich zurückweichendes Wasser, wie Ebbe, Blasenbildung.

Kompetenztraining Räumliche Orientierung

25 (1) Individuelle zeichnerische Aufgabenlösung.
25 (2) *Gebirge/Höhenzüge:* ① Wingst, ② Hümmling, ③ Wilseder Berg, ④ Teutoburger Wald, ⑤ Wesergebirge, ⑥ Süntel, ⑦ Deister, ⑧ Ith, ⑨ Hils, ⑩ Solling, ⑪ Harz; *Gewässer/Meer:* a Dollart, b Nordsee, c Jadebusen, d Zwischenahner Meer, e Dümmer, f Steinhuder Meer, g Ems, h Hunte, i Weser, j Aller, k Ilmenau, l Elbe-Seitenkanal, m Elbe, n Dortmund-Ems-Kanal, o Hase, p Mittellandkanal, q Leine, r Oker; *Inseln/*

Landschaften/Regionen: 1 Borkum, 2 Juist, 3 Norderney, 4 Baltrum, 5 Langeoog, 6 Spiekeroog, 7 Wangerooge, 8 Ostfriesland, 9 Emsland, 10 Altes Land, 11 Lüneburger Heide, 12 Wendland.

25 (3a) *Westlich der Weser:* Au. Aurich, Bra. Brake, Bram. Bramsche, B.Z. Bad Zwischenahn, Cl. Cloppenburg, De. Delmenhorst, Di. Diepholz, Em. Emden, Ge. Georgsmarienhütte, Le. Leer, Li. Lingen, Me. Meppen, Mel. Melle, No. Norden, Nor. Nordenham, Nord. Nordhorn, Ol. Oldenburg, Os. Osnabrück, Pa. Papenburg, Ri. Rinteln, Scho. Schortens, Va. Varel, V. Vechta, We. Weyhe, Wes. Westerstede, Wi. Wilhelmshaven, Wit. Wittmund.

25 (3b) *Östlich der Weser und nördlich des Mittellandkanals:* Ac. Achim, Bu. Buchholz, Bur. Burgdorf, Bux. Buxtehude, Ce. Celle, Cu. Cuxhaven, Da. Dannenberg, Fa. Fallingbostel, Gi. Gifhorn, La. Langenhagen, Leh. Lehrte, Lü. Lüchow, Lün. Lüneburg, Ne. Neustadt am Rübenberge, Ni. Nienburg, Ost. Osterholz-Scharmbeck, Pe. Peine, Ro. Rotenburg, So. Soltau, St. Stade, Ue. Uelzen, Ver. Verden, Wa. Walsrode, Win. Winsen, Wu. Wunstorf.

25 (3c) *Östlich der Weser und südlich des Mittellandkanals:* Al. Alfeld, Ba. Barsinghausen, B.H. Bad Harzburg, B.M. Bad Münder, B.P. Bad Pyrmont, Br. Braunschweig, Bü. Bückeburg, Du. Duderstadt, Ei. Einbeck, Go. Goslar, Gö. Göttingen, Ha. Hannover, Ham. Hameln, He. Helmstedt, Hi. Hildesheim, Ho. Holzminden, H.M. Hannoversch Münden, Nort. Northeim, Oste. Osterode, Sa. Salzgitter, Se. Seesen, Sp. Springe, Sta. Stadthagen, Wo. Wolfsburg, Wol. Wolfenbüttel.

(→ DD, S. 48/49; DW, S. 16/17)

26 (1) Individuelle zeichnerische Aufgabenlösung.

26 (2) *Gebirge:* ① Harz, ② Rothaargebirge, ③ Westerwald, ④ Eifel, ⑤ Hunsrück, ⑥ Taunus, ⑦ Rhön, ⑧ Thüringer Wald, ⑨ Erzgebirge, ⑩ Fränkische Alb, ⑪ Schwarzwald, ⑫ Schwäbische Alb, ⑬ Bayerischer Wald, ⑭ Alpen mit Zugspitze (2962 m); *Gewässer:* a Nordsee, b Ostsee, c Nord-Ostsee-Kanal, d Ems, e Weser, f Mittellandkanal, g Elbe, h Müritz, i Havel, j Oder, k Rhein, l Dortmund-Ems-Kanal, m Ruhr, n Saale, o Spree, p Neiße, q Mosel, r Main, s Main-Donau-Kanal, t Neckar, u Donau, v Isar, w Inn, x Bodensee; *Inseln:* 1 Sylt, 2 Fehmarn, 3 Rügen; *Städte:* A. Aachen, Au. Augsburg, B. Berlin, Bn. Bonn, Bi. Bielefeld, Bo. Bochum, Bs. Braunschweig, Br. Bremen, Ch. Chemnitz, Co. Cottbus, Do. Dortmund, Dr. Dresden, Du. Duisburg, Dü. Düsseldorf, Er. Erfurt, E. Essen, Fr. Frankfurt/Main, Ha. Halle/Saale, H. Hamburg, Hn. Hannover, Je. Jena, Ka. Kassel, Kr. Karlsruhe, Ki. Kiel, K. Köln, Le. Leipzig, Lu. Ludwigshafen, Lü. Lübeck, Ma. Mannheim, Mz. Mainz, Mg. Magdeburg, M. München, Mü. Münster, N. Nürnberg, Po. Potsdam, Re. Recklinghausen, Ro. Rostock, Sa. Saarbrücken, Sch. Schwerin, St. Stuttgart, Wi. Wiesbaden, Wu.Wuppertal.

27 (1) Individuelle zeichnerische Aufgabenlösung.

27 (2/3) *Osteuropa: Russland:* S.P. Sankt Petersburg, Mo. Moskau, Ks. Kasan, Pe. Perm, Wo. Wolgograd, Kö. Königsberg (Kaliningrad); ② Uralgebirge, m Dnjepr (Dnipro), n Don, o Wolga, D Ostsee, K Schwarzes Meer. *Ukraine:* m Dnjepr (Dnipro), Do. Donezk, K. Kiew, K. Schwarzes Meer. *Weißrussland:* m Dnjepr (Dnipro), Mi. Minsk.

Mitteleuropa: Deutschland: ④ Alpen, g Rhein, i Elbe, l Donau, B. Berlin, C Nordsee, D Ostsee; *Schweiz:* ④ Alpen, g Rhein, f Rhône, Be. Bern, Z. Zürich; *Österreich:* ④ Alpen, l Donau, W. Wien; *Polen:* j Oder, k Weichsel, Da. Danzig, Wa. Warschau, D Ostsee; *Tschechische Republik:* i Elbe, Pr. Prag, j Oder; *Slowakei:* l Donau, Pb. Pressburg (Bratislava); *Ungarn:* l Donau, Bu. Budapest; *Liechtenstein:* ④ Alpen.
Westeuropa: Niederlande: g Rhein, Am. Amsterdam, C Nordsee; *Belgien:* Br. Brüssel, C Nordsee; *Frankreich:* ③ Pyrenäen, ④ Alpen, c Loire, d Seine, f Rhône, g Rhein, Ly. Lyon, Ma. Marseille, Sb. Straßburg, P. Paris, A Atlantik, C Nordsee, E Kanal, F Golf von Biskaya, H Mittelmeer.
Großbritannien: e Themse, Bf. Belfast, Bi. Birmingham, Gl. Glasgow, Lo. London, Lv. Liverpool, A Atlantik, C Nordsee, E Der Kanal; *Irland:* Du. Dublin, A Atlantik.
Südosteuropa: Kroatien: Za. Zagreb, l Donau, I Adriatisches Meer; *Serbien und Montenegro:* l Donau, Bl. Belgrad, I Adriatisches Meer; *Slowenien:* ④ Alpen, La. Laibach (Ljubljana), I Adriatisches Meer; *Mazedonien:* Sk. Skopie; *Bosnien und Herzegowina:* Sj. Sarajevo, I Adriatisches Meer; *Türkei:* Is. Istanbul, H Mittelmeer (dem Mittelmeer zugehörig: J Ägäisches Meer), K Schwarzes Meer, L Bosporus; *Bulgarien:* l Donau, So. Sofia, K Schwarzes Meer; *Rumänien:* l Donau, Bk. Bukarest, K Schwarzes Meer; *Montenegro:* Po. Podgorica, H Mittelmeer (dem Mittelmeer zugehörig: J Ägäisches Meer); *Albanien:* Ti. Tirana, I Adriatisches Meer; *Griechenland:* At. Athen, H Mittelmeer (dem Mittelmeer zugehörig: J Ägäisches Meer); Kosovo: Priština, *Zypern:* N. Nikosia, H Mittelmeer.
Nordeuropa: Dänemark: Ko. Kopenhagen, C Nordsee, D Ostsee; *Norwegen:* ① Skanden, Os. Oslo, B Europäisches Nordmeer, C Nordsee; *Schweden:* ① Skanden, St. Stockholm, C Nordsee, D Ostsee; *Finnland:* He. Helsinki, D Ostsee; *Island:* Re. Reykjavik, A Atlantik, B Europäisches Nordmeer; *Estland:* Rv. (T.) Reval (Tallinn), D Ostsee; *Lettland:* Ri. Riga, D Ostsee; *Litauen:* Wi. (V.) Wilnius (Vilnius), D Ostsee.
Südeuropa: Spanien: ③ Pyrenäen, a Tajo, b Ebro, Ba. Barcelona, M. Madrid, A Atlantik, F Golf von Biskaya, G Straße von Gibraltar, A Atlantik, H Mittelmeer; *Portugal:* a Tejo, Li. Lissabon, A Atlantik; *Italien:* ④ Alpen, h Po, Ml. Mailand, Ne. Neapel, R. Rom, H Mittelmeer (dem Mittelmeer zugehörig: I Adriatisches Meer), *Malta:* V. Valletta.
27 (4) *Inseln:* 1 Balearen (spanisch), 2 Korsika (französisch), 3 Sardinien (italienisch), 4 Sizilien (italienisch).

28 (1) Individuelle zeichnerische Aufgabenlösung.
28 (2) *Gebirge:* ① Ural, ② Kaukasus, ③ Himalaya; *Berg:* Mount Everest (8846 m); *Gewässer/Meere:* a Rotes Meer, b Euphrat, c Tigris, d Persischer Golf, e Ob, f Jenisej, g Lena, h Nordpolarmeer, i Kaspisches Meer, j Aralsee, k Baikalsee, l Amur, m Indus, n Ganges, o Brahmaputra, p Golf von Bengalen, q Huang He, r Jangtsekiang, s Pazifischer Ozean; *Landschaften:* 1 Anatolien, 2 Sibirien, 3 Gobi, 4 Hochland von Tibet; *Städte:* Al. Almaty, A. Ankara, B. Bangkok, Ba. Bagdad, Bo Bombay, D. Damaskus, Dh. Dhaka, Ha. Hanoi, H. Hongkong, Ir. Irkuts, I. Istanbul, J Jakarta, Je. Jerusalem, Kb. Kabul, Ka. Kalkutta, K. Kanton, Kr. Karachi, Ma. Manila, Me. Mekka, N.D. Neu-Delhi, N. Nowosibirsk, P. Peking, Se. Seoul, Sh. Shanghai, Te. Teheran, T. Tokio, W. Wladiwostock; *Staaten:* 1 Türkei, 2 Syrien, 3 Libanon, 4 Israel, 5 Irak,

6 Saudi-Arabien, 7 Kuwait, 8 Iran, 9 Russland, 10 Kasachstan, 11 Afghanistan, 12 Pakistan, 13 Nepal, 14 Indien, 15 Sri Lanka, 16 Bangladesch, 17 Mongolei, 18 Thailand, 19 Vietnam, 20 Malaysia, 21 Singapur, 22 Indonesien, 23 China, 24 Nordkorea, 25 Südkorea (Republik Korea), 26 Japan, 27 Taiwan, 28 Philippinen.

28 (3) Mongolei, Afghanistan, Nepal, Kasachstan, Bhutan, Tadschikistan, Kirgisistan, Turkmenistan, Aserbeidschan, Armenien.

28 (4a) Ob, Jenisej, Lena.

28 (4b) Amur, Huang He, Jangsekiang, Mekong.

28 (4c) Euphrat, Tigris, Indus, Ganges, Brahmaputra.

29 (1) Individuelle zeichnerische Aufgabenlösung.

29 (2) *Gebirge:* ① Rocky Mountains, ② Appalachen; *Gewässer:* a Beaufortsee, b Hudsonbai, c Pazifik, d Atlantik, e St.-Lorenz-Strom, f Michigansee, g Colorado, h Missouri, i Mississippi, j Rio Grande, k Golf von Mexiko, l Mackenzie, m Großer Bärensee, n Großer Sklavensee, o Peace, p Athabasca, q Winnipegsee; *Insel/Inselgruppe/Halbinsel:* 1 Aleuten, 2 Alaska, 3 Grönland, 4 Neufundland, 5 Niederkalifornien, 6 Florida, 7 Bahama-Inseln, 8 Labrador; *Städte:* B. Boston, C. Chicago, De. Denver, D. Detroit, E. Edmonton, H. Houston, K. Kansas City, L.A. Los Angeles, M.S. Mexiko-Stadt, M. Miami, Mo. Montreal, N.O. New Orleans, N.Y. New York, O. Ottawa, S.F. San Francisco, S.L. St. Louis, V. Vancouver, W. Washington; *Staaten:* 1 Kanada, 2 USA, 3 Mexiko.

(→ DD, S. 198/199, 200/201; DW, S. 148/149/①, 154/155)

29 (3) L.A. Los Angeles (Kalifornien), De. Denver (Colorado), N.O. New Orleans (Louisiana), C. Chicago (Illinois), M. Miami (Florida), N.Y. New York (New York), W. Washington (Maryland).

30 (1) Individuelle zeichnerische Aufgabenlösung.

30 (2) *Gebirge:* ① Westliche Sierra Madre, ② Östliche Sierra Madre, ③ Anden, ④ Bergland von Guayana, ⑤ Bergland von Brasilien; *Flüsse:* a Amazonas, b Paraná, c Uruguay, d Orinoco, e Rio Negro; *Ozeane/Meeresteile:* A Pazifik, B Atlantik, C Golf von Mexiko, D Karibisches Meer; *Insel/Inselgruppe/Halbinsel:* 1 Kuba, 2 Halbinsel Yucatán, 3 Jamaika, 4 Bahamas, 5 Puerto Rico, 6 Inseln über dem Winde, 7 Galápagos-Inseln, 8 Feuerland, 9 Falkland-Inseln; *Städte:* M.S. Mexiko-Stadt (Mexiko), H. Havanna (Kuba), C. Caracas (Venezuela), G. Georgetown (Guyana), B. Bogotá (Kolumbien), Q. Quito (Ecuador), L. Lima (Peru), B. Brasília (Brasilien), L.P. La Paz (Bolivien), R. Rio de Janeiro (Brasilien), S.P. São Paulo (Brasilien), A. Asunción (Paraguay), S. Santiago (Chile), M. Montevideo (Uruguay), B.A. Buenos Aires (Argentinien); *Staaten:* 1 Mexiko, 2 Guatemala, 3 Belize, 4 El Salvador, 5 Honduras, 6 Nicaragua, 7 Costa Rica, 8 Panamá, 9 Haiti, 10 Dominikanische Republik, 11 Kuba, 12 Jamaika, 13 Suriname, 14 Guyana, 15 Venezuela, 16 Kolumbien, 17 Ecuador, 18 Peru, 19 Brasilien, 20 Bolivien, 21 Paraguay, 22 Chile, 23 Uruguay, 24 Argentinien.

(→ DD, S. 200/201, 212/213; DW, S. 148/149/①, 154/155, 164/165)

30 (3) Bolivien, Paraguay.

31 (1) Individuelle zeichnerische Aufgabenlösung.

Bearbeitung der Karte: Gebirge: ① Atlas, ② Ahaggar, ③ Tibesti, ④ Hochland von Äthiopien; *Berg:* Kilimandscharo (5 895 m); *Gewässer/Meer/Kanal:* a Niger, b Nil, c Suezkanal, d Kongo (Zaire), e Sambesi, f Victoriasee, g Mittelmeer, h Rotes Meer, i Indik, j Atlantik; *Inselgruppe:* Kanarische Inseln; *Städte:* R. Rabat, A. Algier, T. Tunis, Tr. Tripolis, K. Kairo, D. Dakar, Kh. Khartum, A.A. Addis-Abeba, Ac. Accra, L. Lagos, N. Nairobi, Ki. Kinshasa, Lu. Luanda, J. Johannesburg, Ka. Kapstadt; *Staaten:* 1 Marokko, 2 Tunesien, 3 Algerien, 4 Libyen, 5 Ägypten, 6 Senegal, 7 Mali, 8 Niger, 9 Tschad, 10 Sudan, 11 Äthiopien, 12 Somalia, 13 Ghana, 14 Nigeria, 15 Demokratische Republik (D. R.) Kongo (Zaire), 16 Kenia, 17 Tansania, 18 Angola, 19 Sambia, 20 Madagaskar, 21 Namibia, 22 Südafrika.

31 (2) *Nil:* Ruanda, Uganda (Weißer Nil), Äthiopien (Blauer Nil), Sudan, Ägypten; *Niger:* Guinea, Mali, Niger, Nigeria.

31 (3) R. Rabat (Marokko), A. Algier (Algerien), T. Tunis (Tunesien), Tr. Tripolis (Libyen), K. Kairo (Ägypten), D. Dakar (Senegal), Kh. Khartum (Sudan), A.A. Addis-Abeba (Äthiopien), Ac. Accra (Ghana), N. Nairobi (Kenia), Ki. Kinshasa (Demokratische Republik Kongo), Lu. Luanda (Angola).

32 (1) *Kontinente:* Nordamerika, Südamerika, Europa, Afrika, Asien, Australien, Antarktis; *Ozeane:* Atlantik, Indik, Pazifik; *Inseln:* Grönland, Madagaskar, Ceylon, Honshu (japanische Inseln), Borneo, Neuguinea, Neuseeland.

Notizen: